JN044920

私のモノがたり

東北大学大学院文学研究科
講演・出版企画委員会
編

My Thing:
Personal Stories about Research
Lecture Series in Humanities and Social Sciences XII
Lecture and Publication Planning Committee
in Graduate School of Arts and Letters at Tohoku University
Tohoku University Press, Sendai
ISBN978-4-86163-351-5

口絵１　「狩野亨吉筆漱石宛て絵葉書」（明治三十九年七月二十四日消印）

＜東北大学附属図書館「漱石文庫」＞

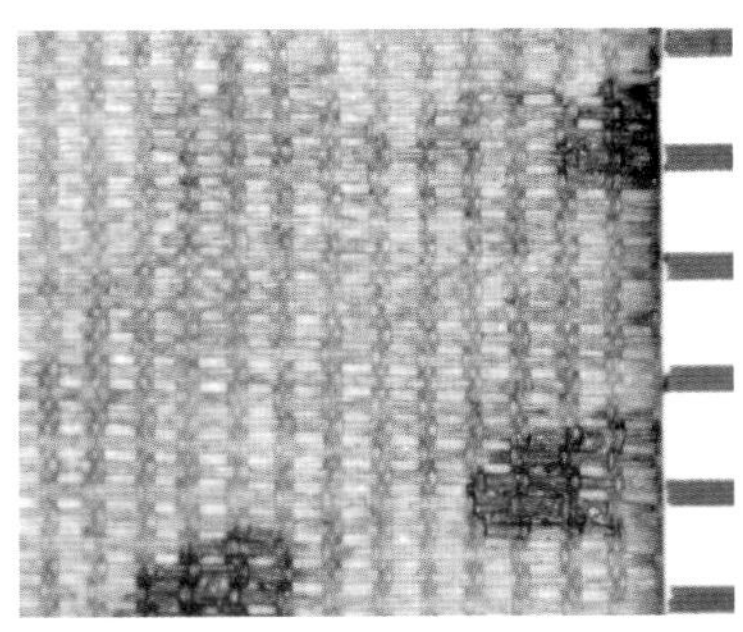

口絵2　江戸中期（18世紀後半）の画絹
（1目盛＝1mm）

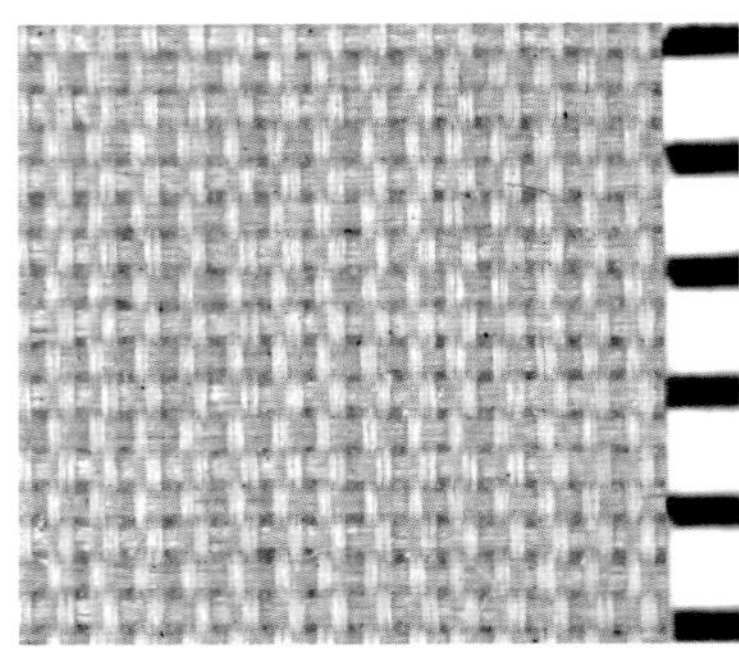

口絵3　明治中期（19世紀後半）の画絹
（1目盛＝1mm）

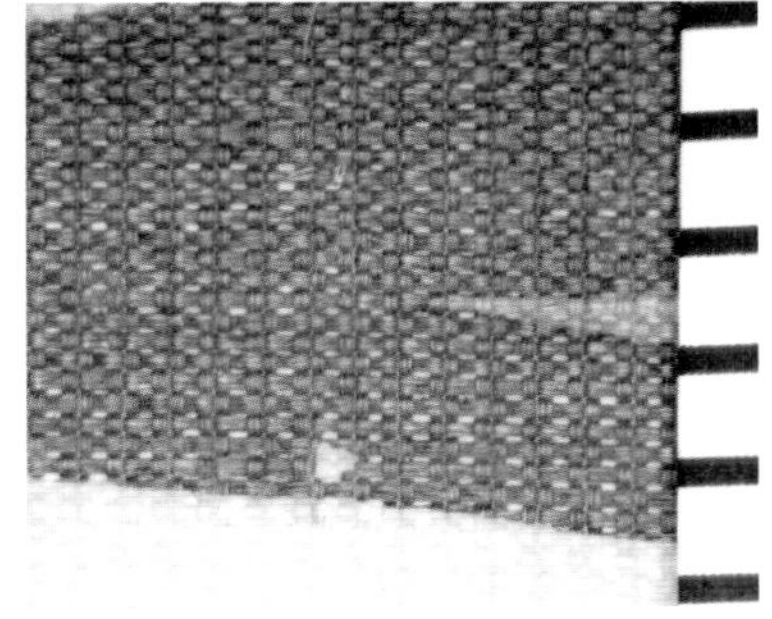

口絵4　円山応挙落款「遊鯉図」画絹
（1目盛＝1mm）

口絵５　円山応挙落款「遊鯉図」 黒川古文化研究所

口絵７　円山応挙落款「遊鯉図」
鯉　ウロコ

口絵６　円山応挙落款「遊鯉図」
鯉

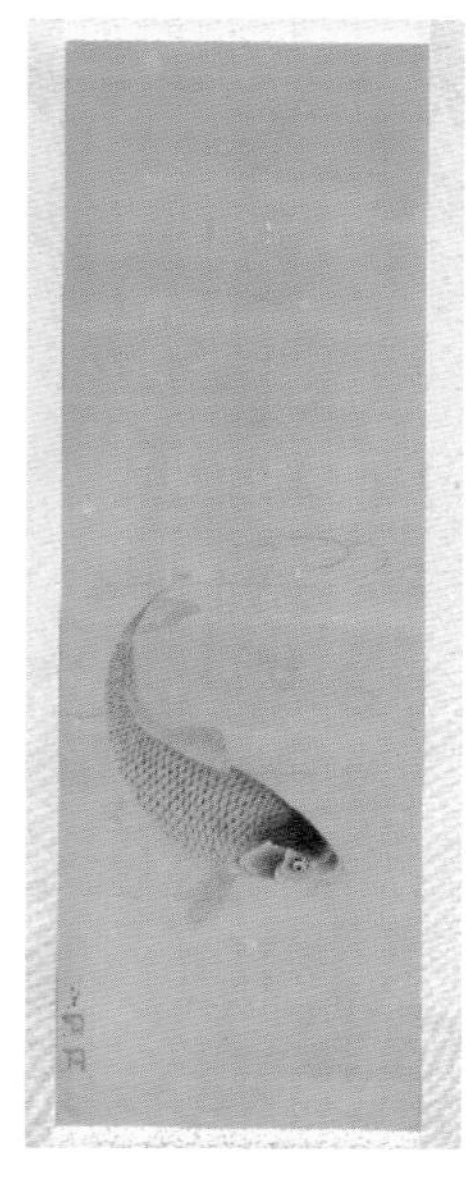

口絵8　島田元直「遊鯉図」江戸中期

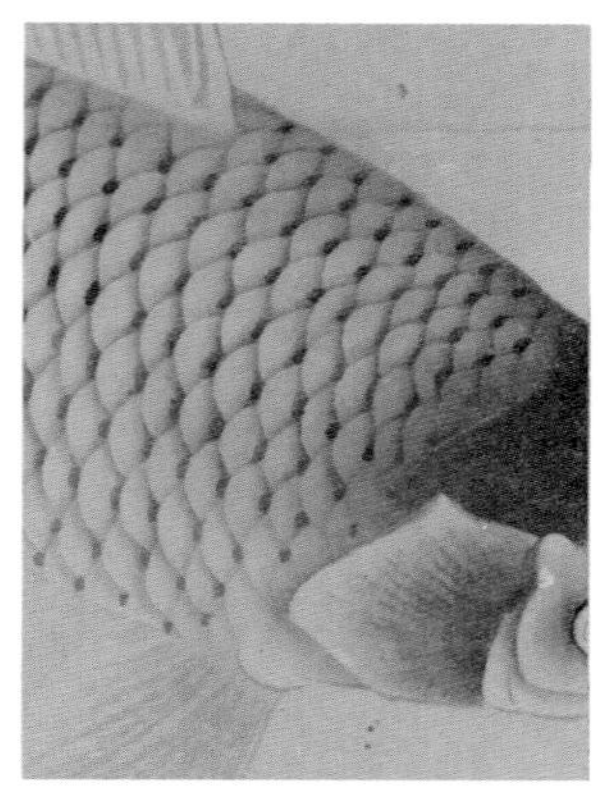

口絵10　島田元直「遊鯉図」
鯉　ウロコ

口絵9　島田元直「遊鯉図」
鯉

目次

はじめに……………………………………………………嶋﨑　啓　iii

1　「物の本」と「物語り」　―狩野亨吉と夏目漱石―…………片岡　龍　1

2　発見のモノがたり
　―ダーウィン、アインシュタイン、ソシュール―　…………阿部　宏　47

3　日本美術の「真物(ホンモノ)」「偽物(ニセモノ)」
　―研究に立ちふさがる巨大な「壁」のモノがたり―……杉本欣久　83

4　こころのカラクリを探求する
　―だましの手口から見るこころの法則―……………………荒井崇史　129

5　「他者指向」の社会のなかで　―人の心はモノなのか―…小松丈晃　167

読者の皆様へ

東北大学大学院文学研究科
講演・出版企画委員会

嶋﨑　啓（代表）
大貫隆史
杉本欣久
引野亨輔

企画協力

高橋章則

はじめに

『人文社会科学講演シリーズ』は東北大学大学院文学研究科の教員の研究成果を一般の人に知っていただくために二〇〇六年に刊行され、これで第十二巻目となります。今巻のテーマは「私のモノがたり」ですが、これは二〇一九年に開催された第十八期有備館講座と第十二期齋理蔵の講座で行われた講演をもとにしています。一般に「物語」と言えば、聞いたり読んだりして筋の展開を楽しむお話という意味合いが強いですが、「物」とは何か、それを「かたる」とはどういうことなのかということを考えれば、一般的な「物語」の範囲を越えた「モノがたり」が考えられます。ここにはそうした、さまざまな「モノ」について「かたる」論考がおさめられています。

普通、「もの」と言うと、形があって、見て、触ることができるものだと思われるでしょう。一方、「ものがたり」と言う言葉には、そういう実体としての「もの」があるようには感じられません。では、「ものがたり」の「もの」が特殊な「もの」であるかというと、そもそも「もの」は、「もの悲しい」とか「思えば遠くへ来たものだ」のように、具体的とは言えない、抽象的な「もの」を表す場合があり、「ものがたり」のような抽象的な「もの」も、非常に一般的な「もの」だと言うこともできます。（「もの」が具体的であったり抽象的であったりすることについては、第一章の『物の本』と『物語り』の中でくわしく説明されています。）本書の「モノがたり」の中にも、一見、具体的と思われる「もの」

が実は抽象的であったり、逆に、抽象的なはずの「もの」が実体として捉えられたりすることを考えさせる話がいくつも含まれています。

ここであらかじめ本書の内容を簡単に説明しておきましょう。第一章の「『物の本』と『物語り』—狩野亨吉と夏目漱石—」では、学者の狩野亨吉と小説家の夏目漱石の友情の「物語」が描かれています。この二人の蔵書はそれぞれ「狩野文庫」と「漱石文庫」という名で東北大学図書館におさめられており、今では大学の貴重な財産となっていますが、二人はもともと友人であり、互いを認め、影響し合う関係にありました。そうした二人の友情の「物語」と、蔵書という具体的な「物」が「語る」二人の性格のちがいが読む人の興味を引くことでしょう。

第二章の「発見のモノがたり—ダーウィン、アインシュタイン、ソシュール—」は、三人の学者の発見にまつわる「物語」です。三人の発見する物は抽象的な理論ですが、それはすべて生物や物理や言語といった実体を持つ「物」の法則です。一方、発見する学者たちは言うまでもなく肉体を持つ人間ですが、彼らがどうやって発見し、それを人がどう評価するかという「物語」は、さまざまな偶然や運・不運に左右され、法則が成り立たない世界です。

第三章の「日本美術の『真物』『偽物』—研究に立ちふさがる巨大な『壁』のモノがたり」は、美術品という「物」に関して人々がいかに「偽物」を作り、それをどう見破ってきたかという歴史を扱います。贋作作りは昔から行われていることであり、それに対抗して、贋作を見破る方法も昔から論じられ続けています。その戦いは、技術を駆使して「物」を加工し、「物」に残るわずかな変異から改竄を暴くという「物」をめぐる営みでありながら、その根底にあるのは、人を騙すことにエネルギーを注ぎ、またその嘘を見破るという「心」の戦いです。

第四章の「こころのカラクリを探究する—だましの手口から見るこころの法則」でも問題になるのは、人を騙すことです。ここで扱われる騙しは「オレオレ詐欺」のような特殊詐欺であり、これは騙しの典型とも言えるものです。人は特殊詐欺においてどのように騙されるのか、そして騙されないためにはどうすればよいのかという、現代社会のアクチュアルな問題を取り扱います。ただし、「物語」の「語り」と、騙す意味での「騙り」がもともと同じ言葉であることを考えれば、作り話を「かたり」、それを信じてしまうということは、嘘をつき、また騙されるのが人間の本質ということを表すのかもしれません。

第五章の「『他者志向』の社会のなかで—人の心はモノなのか—」では、商品としての人の心が扱われます。サービス業において売り買いされるのは人間の心であり、その際、サービスをする人は客の求めに応じて演技をしなければなりません。サービス業が拡大した現代においては、サービスとして提供される心と本心とが分裂し、それによって苦しむ人が多数います。特殊詐欺において騙すのは他人ですが、心を商品とする人は自分を騙さねばなりません。今こそ、人間の心は「物」ではないという当たり前のことを改めて確認することが必要なのかもしれません。

こうした「モノがたり」を通じて分かることは、「物」が実体のある具体物であれ、抽象的な事柄であれ、語るのは人であり、語られる「物」の背後にも人がいるということでしょう。どんな「モノがたり」も、最終的には、「者（もの）がたり」にほかならないのです。

二〇二〇年九月

嶋﨑　啓

「物の本」と「物語り」

―狩野亨吉と夏目漱石―

片岡　龍

1　「物の本」と「物語り」―狩野亨吉と夏目漱石―

片岡　龍

一．前置き

（一）共立的な「もの」？

「もの」という日本語は、英語にすればthingでしょうが、それだけにとどまらない複雑な意味合いが、実に色々とあるようです。

『日本国語大辞典（第二版）』（小学館）では、「もの【物】」には、大きく以下の四つの意味があるとされています。

〔一〕なんらかの形をそなえた物体一般をいう。

〔二〕個々の具体物から離れて抽象化された事柄、概念をいう。

〔三〕抽象化した漠然とした事柄を、ある価値観を伴ってさし示す。

〔四〕他の語句を受けて、それを一つの概念として体言化する形式名詞。

しかし、いまひとつスッキリ理解できません。〔一〕では「形をそなえた物体」でありながら、〔二〕では「具体物から離れて抽象化された事柄、概念」というのは、固体でありながら、気体でもあるといったようなもので、すでに頭が混乱しそうです。〔三〕の「漠然とした事柄」を「価値観を伴ってさし示す」というのも、どこか矛盾している気がします。〔四〕もわかったようでよくわからない説明です。〔一〕がいちばんわかりやすいものの、これはさらに複数の意味に分かれ、そのうちの一つ「対象をあからさまにいうことをはばかって抽象化していう」意味となると、〔二〕や〔三〕との差が微妙です。「対象をあからさまにいうことをはばかって抽象化していう」の具体的な例としては、「物の怪（け）」が挙げられているのですが、別の辞書では、「物の怪」は「何らかの事柄・対象を漠然と言い表す語」（『岩波国語辞典（第七版）』）の例とされていて、むしろ上の〔二〕や〔三〕の説明に相当しています。

〔二〕の例としては、「物悲しい」「物を思う」などが挙げられています。しかし、また別の辞書では、これらの例は「対象の性質や状態が、はっきりとは言えないが、ともかく意識の対象となる存在」（『岩波古語辞典（補訂版）』）と説明されています。

どうも、「もの」という語は、本来このような〈漠然とはしているが、対象化している存在〉、あるいは〈対象化はしているが、漠然としている状態〉といった、相反する二つの意味が一つに結びついていて、ときに「対象化」のほうが強ければ〔一〕の意味になり、「漠然」のほうが強ければ〔二〕や〔三〕になる、ということではないでしょうか。

そこから敷衍して言えば、日本語の「もの」は、その背景からくっきり切りとられた独立的存在というより、ほかの「もの」たちとぼんやりつながった、いわば「一即多、多即一」とでもいうべき、「もの」の共立的在り方を表現できる、なかなか含蓄の深い語であるとも言えそうです。

（二）「物の本」と「物語り」

実は「「物の本」と「物語り」」という演題も、こうした「もの」の共立的意味合いを意識してつけてみました。

「物の本」という語は、最近はあまり耳にしないので、辞書の説明を載せておきます。

【ものの本（ほん）】
①本の総称。書物。書冊。
＊日葡辞書〔１６０３〜０４〕「Monono fon（モノノホン）〈訳〉大きくて、古い本」
②学問的な内容の書物。教養のためのかたい書物。娯楽的な読物の草紙などに対していう。
＊仮名草子・可笑記〔１６４２〕二「われ等は朝夕物（モノ）の本（ホン）をめなれ手ふれて、聖経賢伝を学するによって」
……
④その方面のことが書かれている書物。

〈『日本国語大辞典（第二版）』〉

①に「本の総称」とありますが、その用例として挙がっている『日葡辞書』（イエズス会宣教師の手に成る、日本語をポルトガル語で解説した辞典）の「大きくて、古い本」という説明に注意してください。映画『ハリーポッター』にでも出てきそうなヨーロッパの図書館で、書見台の上に鎖でつながれた大判の古洋書（いわゆる「鎖付図書」）を、みなさんはご覧になったことがあるでしょうか。印刷技術が発達する近代以前において、本はきわめて貴重で、また神聖なものでした。

これは、ヨーロッパだけでなく、アジアでも同じです。わたしは、韓国の女子大で一年間教えたことがありますが、日本と比べると二倍以上はありそうな大きくて分厚い教科書を女子大生が抱えて、キャンパスを闊歩する姿が印象に残っています。

日本でも近代以前の漢籍は、今の本よりもはるかに大きかったのです。漢籍は②の「学問的な内容の書物」に相当します。その用例に「聖経賢伝」とありますが、これは儒教の「聖人」や「賢人」の著述した経書やその注釈書のことを指します。つまり、「教養のためのかたい書物」なのです。

したがって、①と②はつながっていて、古典・学問・教養的な「かたい」、大きな本のことを「物の本」と呼んでいたのです。④の「その方面のことが書かれている書物」とは、つまり「専門書」です。専門書は、必ずしも大判ではないでしょうが、やはり学問的な「かたい」本という要素は含まれそうです。

一方、「物語り」については、あらためて説明する必要はないかもしれませんが、大野晋編『古典基礎語辞典』（角川学芸出版）の解説は、一読しておいて損はないと思います。

ものがたり【物語】

解説 モノガタリは平安時代に、女手(おんなで)といわれた平仮名で書かれ、……読み手が読むと、お姫様をはじめ年少の男子や幾人もの女房が集まってそれを聞く。声だけを手段として伝承されてきた話を、仮名文字という新しい媒体で写すのが始まりだった……。

漢文訓読の補助として発達した片仮名に対して、漢文を読まない女性のための平仮名が広まり、『古今集』がそれを使って書かれてからおよそ百年、当時紙は貴重品であったし、筆や墨もたやすく手に入るものではなかったから、貴族の子女のために、こうした形式の新しい文芸が発達した。朝鮮でも、漢字・漢文が社会でもっぱら学ばれ使われていたが、日本の仮名に当たるハングルが国王の命令で学者たちの会議によって一四四六年に作られたとき、アムクル（女文字）といわれ、それによって朝鮮語の口語による物語が作られた。その読み上げを女子が集まって聞いたという。

モノガタリには要所要所に絵がついていた。お姫様は絵を見ながら、読み上げを聞いた。絵入りである点は、現代の漫画と基本的に同じである。…… 〈『古典基礎語辞典』〉

マンガと基本的に同じというように、物語は「娯楽的な読み物」であって、「教養のためのかたい書物」である物の本の正反対なのです。「物の本」が漢字や片仮名で書かれたとすれば、「物語り」は平仮名やハングルで写され、その担い手も前者は大人の男性、後者は女性や子どもと、対照的です。また、物語の「「もの」は、「鬼」「霊」など霊力をもったものをいい、もとは超現実の世界を語るという意であった」とも言います（『日本国語大辞典』）。そこから、物語に虚構（フィクション）という意味合いも出て来たのかもしれません。それに比べて、物の本のほうは現実的であり、虚偽の許されない、お堅い書物でした。

さて、このようにきわめて対照的な「物の本」と「物語り」が、先に見た日本語「もの」の共立的な意味合い同様、実は深いところでつながっていることを、狩野亨吉（かのうこうきち）と夏目漱石という二人の人物を通して考えてみたいというのが、本稿のめざすところです。

しかし、そもそもなぜ、「物の本」と「物語り」をつなげるという、固体と気体をつなげるようなことをしたいのか、それを自己紹介も含めて述べた上で、「前書き」を締めくくりたいと思います。

(三) 思想史とは、橋を架けること

東北大学文学研究科・文学部のホームページの「教員のよこがお」欄に、「思想史とは、橋を架けること」という見出しで、わたしは次のように記しています。

思想史とは、今を生きるわたしたちと過去を生きた人びと、異なる文化を生きた人々との時空を越えた対話です。また、文学・歴史・哲学などの人文学と社会科学のあいだ、さらには文

系と理系の垣根も乗り越えて、……学問と社会の橋渡しにも積極的なのが思想史の持ち味です。……まず自分自身の切実な問いを見つけることが第一歩です。わたしの場合は、東アジア、とくに韓国・朝鮮と日本のあいだ、また日本の中でも沖縄や東北といった辺境に現れた現代的課題を意識しながら、その地域の独特な思想・文化・宗教的な伝統を見直そうとしています。……同時に、異なった課題をもつ人びとの声に、真摯に耳を傾けることで、もっともっと問題関心を広げたいと思っています。

「思想史」という学問は、十九世紀の学問の専門分化の弊害を乗り越えるべく、二十世紀の初めにアーサー・O・ラヴジョイ(一八七三〜一九六二)という哲学者が、アメリカのジョンズ・ホプキンズ大学に「思想史クラブ」を設立したことが始まりと言います。ラヴジョイの主著の名は、『存在の大いなる連鎖(*The Great Chain of Being*)』(一九三六。邦訳は一九七五)です。そもそも思想史とは、物事を分断的にではなく、相関的に見ようとする学問なのです。

物事を相関的に見るということは、ネットワーキング的に思考するとも言い換えられます。その点で、日本語の「もの」はネットワーキング的な存在のありようを表す、たいへん興味深いことばです。そして、「物の本」と「物語り」という語も、この「もの」の網の目の中で、互いにつながり合っています。

「物の本」と「物語り」の不思議なつながりを見てみることは、思想と文学、教養と娯楽、大人と子供、男と女、実と虚…、それらが綯い交ぜになった複雑多様な世界の共生的なあり方を反省するきっかけになるかもしれません。

前置きはこれくらいにして、そろそろ本題に移りたいと思います。

二．狩野亨吉と夏目漱石[1]

(一)二つの文庫

なぜ、夏目漱石と狩野亨吉の二人をとりあげるのか。そもそも狩野亨吉とは誰なのか。漱石の名前を知らない人はいないと思いますが、狩野亨吉のほうはその名前を聞いたことのある人のほうが少ないと思います。しかし、詳しい人物紹介はあとまわしにして、この二人をとりあげる理由から述べると、一つには、東北大学附属図書館に「漱石文庫」と「狩野文庫」があるからです。

まずは、図書館ホームページの「主要特殊文庫紹介」から、「漱石文庫」の解説を見てみましょう。

【漱石文庫】

文豪夏目漱石(なつめ そうせき 一八六七～一九一六)の旧蔵書三、〇六八冊からなるコレクションである。英文学関係の図書が中心で、漱石による多くの書入れがある。また、漱石の日記、ノート、試験問題、原稿・草稿などの断片資料も含まれている。全体の量は、学者の蔵書として決して多いとは言えない。しかし書き入れや傍線は、蔵書全体の3割に及ぶという。漱石は骨董趣味など無く、自分が読むための本を集めたといわれている。世間的な貴重書・稀覯書は多いと言えないが、その殆どが実際に漱石が手に取り読んだ本、読もうとした本である……。

漱石の蔵書が東北大に譲渡されることになったのは、当時の図書館長が漱石の愛弟子の小宮豊隆（こみやとよたか）（一八八四〜一九六六）だったからです。しかし、解説にもあるように、学者の蔵書としては、全体の量も少なく、貴重書や稀覯書もあまりありません。

しかし、漱石の書き込みが蔵書全体の3割に及ぶというように、蔵書のほとんどが、漱石が実際に読んだ、読もうとした本である点が特色です。「漱石は骨董趣味など無く、自分が読むための本を集めた」というのは、いかにも漱石らしく、また次に紹介する狩野文庫との対比からも、注意していただきたい一文です。

なお、図書館ホームページには、「夏目漱石ライブラリ」というページがあり、漱石文庫および夏目漱石に関連する情報が提供されています。文庫の蔵書構成や資料紹介、漱石の年譜や主要作品の解説だけでなく、蔵書（洋書、和書）や自筆資料の画像データベース（図1）等も公開されているので、ぜひ一度閲覧いただければと思います。

次に、「狩野文庫」の解説を見てみます。

【狩野文庫】

秋田県大館出身の文学博士狩野亨吉（かのう こうきち 一八六五～一九四二）の旧蔵書である。……狩野の蔵書は、狩野の親友で東北帝国大学の初代総長であった沢柳政太郎（一八六五～一九二七）の尽力により東北大学にもたらされた。そのとき狩野は、蔵書を一括かつ東北大学に永久に保管することを条件に譲渡したという。その後狩野が収集した資料も昭和一八年三月までに計四次にわたり追加購入あるいは寄贈によって受入れられ、現在では、約一〇八、〇〇〇冊からなる大コレクションになっている。和漢書古典を主体とする幅広い領域の資料を含み、「古典の百科全書」あるいは「江戸学の宝庫」とも称される。「史記　孝文本紀　第十」（延久五年（一〇七三）写）および「類聚国史　巻第二十五」（平安時代末期写）の国宝2点は、この文庫に含まれていたものである。本学指定の貴重書も、その過半は狩野文庫本である。……

漱石文庫の約三千冊に対して、こちらは約十万冊。また分量だけでなく、国宝2点を含む貴重書も多数あって、「古典の百科全書」「江戸学の宝庫」などと称されるのは、「骨董趣味など無く、自分が読むための本を集めた」漱石の蔵書とは、まさに対照的な性格をもったコレクションと言えます。なお、図書館ホームページには「狩野文庫データベース」もあり、地図・絵葉書を中心に画像が公開されています（図2）。

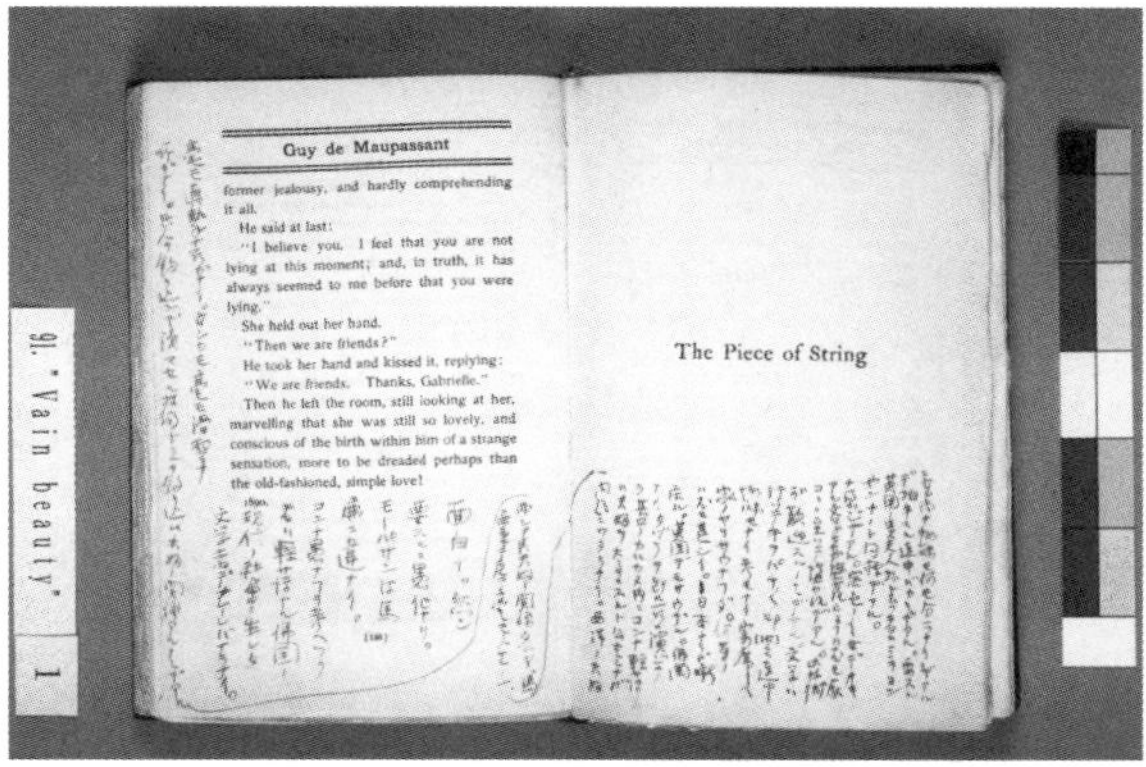

図1　漱石の書き込みのあるモーパッサン『作品集（*Works*）』（G. B. アイヴス英訳本）

<東北大学附属図書館「漱石文庫データベース」より>

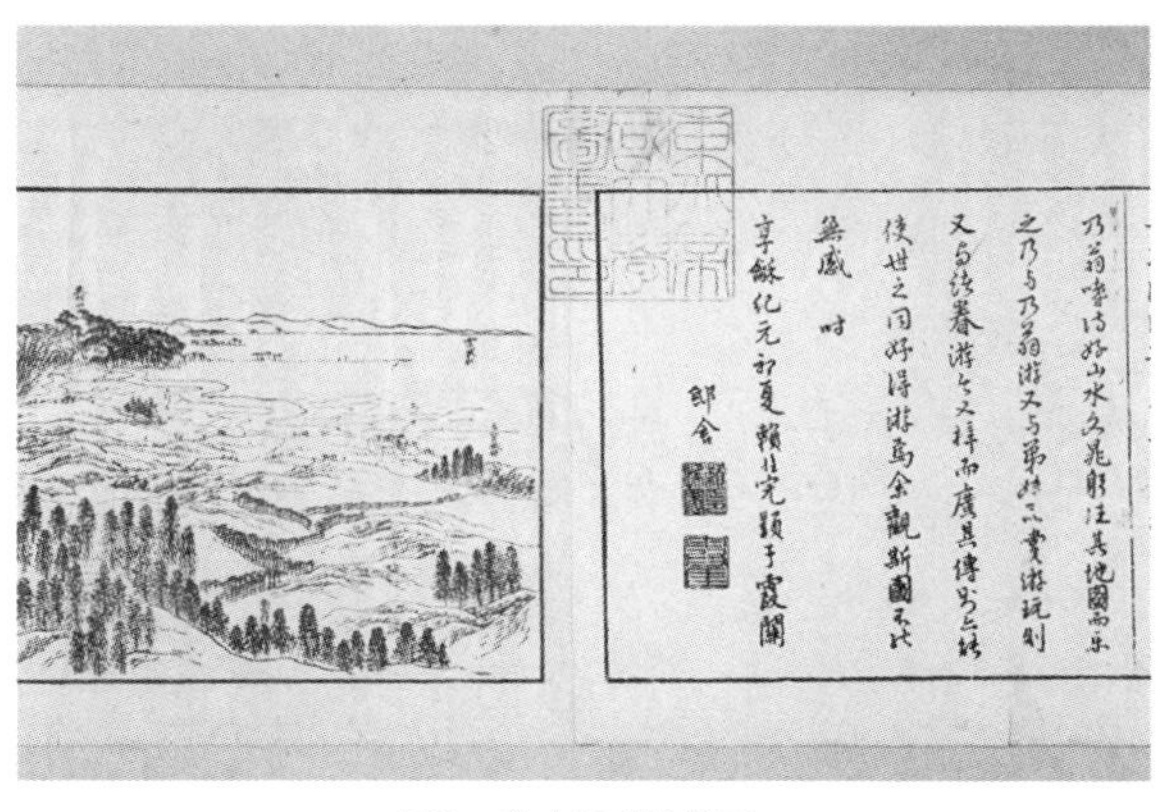

図2　谷文晁「松島図」

<東北大学附属図書館「狩野文庫データベース」より>

さて、夏目漱石と狩野亨吉の二人の文庫が、同じ東北大図書館にあるというのも、不思議な縁です。なぜなら、この二人は若い時からとても親しい友人どうしだったからです。

漱石が亡くなってから十年あまり後に、狩野亨吉は「夏目君と私」[2]という回想を、昭和三年版の『漱石全集』月報第五号（一九二八年七月）に寄せ、次のように述べています。

> 夏目君と私と相識（あいし）ったのは、夏目君が松山へ赴任される少し以前で、……それから、ずっと交際を続けて、熊本高等学校時代にも一緒になり、英国留学から帰って来られて一高へ出られた時も一緒になり、又大学を止められて、朝日新聞社へ入り、明治四十年の春、京都へ来られた時には、しばらく私の家に滞在してをられるなど、非常に親しくしてをった。

この回想によると、狩野が漱石と知り合ったのは、漱石が愛媛県尋常中学校の嘱託教員として松山に赴任する明治二十八（一八九五）年、漱石二十九歳、狩野三十一歳の少し前ということになります[3]。それから熊本の第五高等学校時代、一高時代、朝日新聞社時代と、一貫して親しく交際していたことが分かります。

明治四十五・大正元（一九一二）年、漱石は内田魯庵（ろあん）（一八六八～一九二九）に書簡を送っていますが、これは魯庵らが結成していた「玉屑会（ぎょくせつかい）」という古書愛好会に関わる内容です。そこで、漱石は古書愛好の趣味などない自分よりも、狩野亨吉を会員に推薦したいと述べています。

> 小生考古癖(へき)少なく珍書といふものに盲目なれど……小生の友人狩野亨吉君を是非会員に推挙致(いた)し度候(たくそうろう)。あの男は向不見(むこうみず)の古書狂に候。その狂熱あるがため、今迄(いままで)独身でゐられる位(くらい)なれば、名誉会員にしても充分の資格ある人物かと存(ぞんじ)候。[4]

漱石も狩野を「友人」と称し、また古書蒐集の狂熱のために妻帯もできないほどの「古書狂」と認識しています。

漱石はまた狩野を「文学亡国論者」とからかったとも言います。

> 夏目君が自分のことを文学亡国論者だといつて、お前には小説などわからぬから本を出してもやらぬよと冗談のやうにいつたので、自分も貰(もら)はなくてもよいといつたが、これは事実上実行されて遂(つい)に一冊も本を貰つたこともなく、又夏目君のものを読んだこともない。ただ「猫」が出た当時、一高にゐた物理の須藤伝次郎君が「猫」の中にお前のことが書いてあると注意してくれたので、さうか自分のことが書いてあるなら見ようと、読んで見たが自分のことが書いてあつたかどうか記憶して居らぬ。[5]

「文学亡国論」とは、小説などの軟派な文学が栄えると国が亡んでしまうという考え方です。たとえば儒教では「文は以て道を載せる」もの、つまり文章とは道徳を実現する手段であるとして、道徳や政治と関係しない文学を禁じました。

「文学亡国論者」は言い過ぎにせよ、友人の漱石の小説さえ自分がモデルとして出て来る『吾輩は猫である』以外読んだことがないとみずから言っているくらいですから、狩野は「物語り」派ではなく、「物の本」派と断言してもよいと思います。

「漱石文庫」と「狩野文庫」の性格の対照も、「物語り」派の漱石と「物の本」派の狩野の違いを反映しているのではないでしょうか。

㈡ 壮年期の危機

このような対照的な二人が終生かわらぬ交際を結ぶことができたのは、お互いの個性にたいする深い信頼があったからと思われます。漱石は弟子宛ての書簡の中で、狩野について次のように記しています。

> 京都には狩野といふ友人有之候。あれは学長なれども学長や教授や博士抔よりも種類の違ふたエライ人に候。あの人に逢ふために候。わざわざ京へ参り候。(6)

狩野は当時、京都帝国大学文科大学の学長でした。しかし、漱石はそうした学長や教授や博士などの肩書き以外の点に、狩野の偉さを認めています。

また、漱石の次男の夏目伸六（一九〇八〜一九七五）は、「私の考えでは、父が、生涯心から変らぬ畏敬の念を以て対した相手は、多くの知友のうちで、彼（＝狩野亨吉）一人だったのではないかと云う気さえする」と言っています[7]。

狩野も漱石にたいし「生涯心から変わらぬ畏敬の念」をもっていたことは、狩野が第一高等学校校長の時に漱石を一高の講師に招き、京都帝国大学文科大学の学長の時にも英文科教授に招こうとした事実からもうかがえます。このように両者は互いに敬意をもって、二十代の学生時代から四十九歳で漱石が亡くなるまで、すなわち青年期から壮年期にかけて交際したのです。

狩野亨吉「略年譜」[8]

慶応元（一八六五）年、秋田に生まれる。父親の内務省出仕に伴い一家東京に移住。
明治十二（一八七九）年、東京大学予備門入学。
明治十七（一八八四）年、東京大学理学部入学（数学専攻）。
明治二十二（一八八九）年、東京帝国大学文科大学入学（哲学専攻）。
明治二十四（一八九一）年、同大学院入学。
明治二十五（一八九二）年、第四高等中学校教授。
明治三十一（一八九八）年、漱石らの招きで第五高等学校教授。

同年、第一高等学校校長となり、在任中、岩波茂雄をはじめ後に岩波文化人となる学生たちと交わる。

明治三十九（一九〇六）年、京都帝国大学文科大学教授、初代文科大学長。

明治四十一（一九〇八）年、同職辞任。

明治四十五・大正元（一九一二）年、東北帝国大学図書館への「狩野文庫」納本始まる。

大正二（一九一三）年、皇太子（後の昭和天皇）教育係職の斡旋を再三受けるが思想上の不適任を主張し固辞。

大正三（一九一四）年、東北帝国大学総長への推薦を辞退。

以後、五十代半ばで文書・図書・書画鑑定等の「明鑑社」を開業し生計を立てる。

昭和十七（一九四二）年、満七十七歳五ヶ月の生涯を終える。


ところで、壮年期は社会的に重責をになう働き盛りの時期であると同時に、これまでの生き方を問い直し、時には人生の危機に直面する時期であるとも言われます。漱石と狩野の壮年期も、実はまさにそのようなものでした。

右の狩野の「略年譜」を見てみると、明治二十五（一八九二）年の第四高等中学校教授を皮切りに、第五高等学校教授、第一高等学校校長、京都帝国大学文科大学初代学長とまさに栄転を続けていた狩野は、四十四歳の明治四十一（一九〇八）年、恩給期限の三か月前に（狩野は恩給不可論者であったとも言われる）、突然京大を辞職しています。以後、皇太子教育係職の斡旋や東北帝国大学総長への推薦もすべて辞退し、生涯狩野が公職に就くことはありませんでした。にもかかわらず古書を蒐集しつづけることによる窮状を見かねた親友の沢柳政太郎（さわやなぎまさたろう）（東北帝国大学初代総長）の尽力により、その蔵書が東北大に納められることになったわけです。

狩野はその代金を直ちに書籍の購入につぎこみ、またその新購入の書籍を図書館に送り込んでいます。漱石が狩野を「向不見（むこうみず）の古書狂」と評した書簡は、まさに東北帝国大学図書館への「狩野文庫」納本が始まった年（一九一二年）に書かれているのです。皇太子教育係職を「思想上の不適任」を主張して固辞したことも併せ考え、この頃の狩野になんらかの思想的危機が到来していた可能性は否定できないと思います。

一方、漱石のほうはどうでしょうか。漱石が二年間のイギリス留学から帰国し、第一高等学校、東京帝国大学英文科等の講師を勤めながら、『吾輩は猫である』を雑誌『ホトトギス』に発表したのは、明治三十八（一九〇五）年、三十九歳のときです。その翌年には、『坊ちゃん』『草枕』『二百十日』などをあいついで発表し、一躍文名が高まります。

この頃の漱石の執筆の様子について、漱石の妻の夏目鏡子（一八七七〜一九六三）は次のように述べています。

別に本職に小説を書くといふ気もなかつたところへ、長い間書きたくて書きたくて堪らないのをこらへてゐた形だつたので、書き出せば殆ど一気呵成に続け様に書いたやうです。……書いてゐるのを見てゐるといかにも楽さうで夜なんぞも一番遅くて十二時一時頃で、大概は学校から帰つて来て、夕食前後十時頃迄に苦もなく書いて了ふ有様でした。……だから油が乗つてゐたどころの段じやありません。(9)

しかし、文名が上がれば上がるほど、小説家と教師の二足の草鞋を履くことは難しくなります。すでにこの頃から、漱石はこのまま教師を続けるのか、小説家になるのか、迷っていたようです。そして、明治四十(一九〇七)年、漱石はついに一切の教職を辞して、朝日新聞社に入社するのです。このように、漱石は明治四〇年(四十一歳)、狩野はその翌年の明治四十一年(四十四歳)、人生の最も働き盛りに、二人は相次いで公職を去っています。ここに、なんらかの相互的な影響関係はなかったのでしょうか。

「物語り」派の漱石、「物の本」派の狩野、この対照的な二人の親友が人生で最も近づいたのは、ともに壮年期の危機を迎えたときであった、そのことを、次に明治三十九年に漱石が狩野に送った二通の書簡を通して、確認してみたいと思います。

(三)「狩野さんが僕の畠の方へ近付いて来た」！

明治三十九（一九〇六）年十月二十三日、漱石は二通の長い書簡（どちらも優に二千字を超える）を、同じ日に続けて狩野宛てに送っています。第一便の書き出しは、次のようです。

> 狩野さんから手紙が来た。そこで何の用事かと思つて開いて見たら用事ではなくて只の通信であつた。夫で僕は驚ろいた。僕は狩野さんと云ふ人は用事がなければ手紙をかく人ではない。しかも其手紙たるや官庁の通牒的なものに限ると思つて居たのだから驚ろいた。此手紙は僕のかきさうな手紙で毫も用事がないから不思議なものだと思つた。狩野さんが余つ程閑日月が出来たか然らずんば京都の空気を吸つて突然文学的になつたんだと断定した。……狩野さんが僕の畠の方へ近付いて来た……。……甚だ嬉しいと云ふ感じで読んだ。(10)

狩野という人間は用事がなければ手紙を書かない、しかもその手紙は役所の通知文のようだというのは、いかにも「物の本」派の狩野の特徴をよく言い表しています。その狩野から、まったく用事とは関係ない「文学的」な手紙が届いたというのです。そして、漱石はそれを「狩野さんが僕の畠の方へ近付いて来た」と喜んでいます。

狩野が漱石に送った手紙は、残念ながら残っていません。しかし、その内容は、漱石の手紙からある程度想像できます。それによると、狩野は自分が見た夢の内容を知らせてきたようです。その

図3　「狩野亨吉筆漱石宛て絵葉書」（明治39年7月24日消印）
＜東北大学附属図書館「漱石文庫」＞

夢は、漱石がその養母とその娘に早稲田の穴八幡あたりで再会したといった内容だったようですが、奇妙なことに、その後、ほぼその夢と同じ内容の記事（虚報）が新聞『日本』に載ったため(11)、狩野はそれに驚いて筆を執ったと思われます。

狩野の手紙の内容について、これ以上の詳細はよくわからないのですが、このようなことを書いて寄こした狩野を漱石は、よっぽど暇ができたか、京都の空気を吸って急に文学的になったんだろうと言っています。先に見たように、狩野はこの年九月に設置された京都帝国大学文科大学の初代学長として、京都に赴任していたのです。

学長に任命されてからすぐに、狩野は漱石を京大の英文科教授に招こうと何度も手紙を送ったようですが（図3）、漱石はそれを断わりつづけています。右の書簡で漱石が狩野を「用事がなければ手紙をかく人ではない」と言うのも、おそらくその「用事」とは、具体的にはこうした人事行政的な狩野からの連絡を指しているのではないでしょうか。ところが、今回の手紙は、「僕のかきさうな手紙で毫も用事がない」ものだったと言うのです。

そこで、漱石は「狩野さんがもしこんな人間なら僕も是からこんな手紙を書いて送らうかと思つた」と述べ、狩野の夢にたいする感想を述べた上で、なぜ自分が京都に行かないのか、その真率な思いを披歴しています。少し長い引用ですが、当時の漱石の心境を伝える、大事な文章だと思います。

> 京都はいゝ所に違ない。……君の事だからよく散歩をするだらうと思ふ。夫から絵や古書や骨董杯もあるだらう。一体がユツタリして感じがいゝだらう。僕も京都へ行きたい。行きたいが是は大学の先生になつて行きたいのではない。遊びに行きたいのである。自分の立脚地から云ふと感じのいゝ愉快の多い所へ行くよりも感じのわるい、愉快の少ない所に居つてあく迄喧嘩をして見たい。是は決してやせ我慢ぢやない。それでなくては生甲斐のない様な心持ちがする。何の為めに世の中に生れてゐるかわからない気がする。僕は世の中を一大修羅場と心得てゐる。さうして其内に立つて花々しく打死をするか敵を降参させるかどつちにかして見たいと思つてゐる。敵といふのは僕の主義僕の主張、僕の趣味から見て世の為めにならんものを云ふのである。世の中は僕一人の手でどうもなり様はない。ないからして僕は打死をする覚悟である。打死をしても自分が天分を尽くして死んだといふ慰藉があればそれで結構である。実を云ふと僕は自分で自分がどの位の事が出来て、どの位な事に堪へるのか見当がつかない。只尤

も烈しい世の中に立つて（自分の為め、家族の為めは暫らく措く）どの位人が自分の感化を受けて、どの位自分が社会的分子となつて未来の青年の肉や血となつて生存し得るかをためして見たい。京都へ行きたいといふのは此仕事をやる骨休めの為めに行きたいので、京都へ隠居したいと云ふ意味ではない。(12)

「京都はいゝ所に違ない」というのは、京大勧誘に際して、「物の本」派の狩野が「物語り」派の漱石にたいして、芸術的な文物の多い古都の良さをことさらにアピールしたのかもしれません。ある意味、狩野が漱石の「畠の方へ近付いて来た」と言えるかもしれません。

しかし、それに対して漱石は、京都がそのような「ユツタリして感じがいゝ」「愉快の多い所」だからこそ、京都に行かないのだと言います。

なぜなら、自分は「世の中を一大修羅場」と考えているので、むしろ「感じのわるい、愉快の少ない所」に留まり、「未来の青年」のための「社会的分子」となって、世のためにならない「敵」と闘い、「打死をする覚悟」だからと言うのです。

すでに、この頃漱石は教師を辞めようと考えていることから(13)、ここで闘うというのは、文学によってです。しかし、このような世のため人のため、社会のための文学という考え方は、先に見た儒教の「文は以て道を載せる」といった思想、すなわち「物の本」に説かれているような考えと、きわめて近いのではないでしょうか。これは、ある意味、漱石の「畠の方へ近付いて」来た狩野にたいして、漱石のほうも狩野の「畠の方へ近付いて」行ったとみてよいと思います。
狩野に手紙を送った三日後に、漱石は鈴木三重吉に宛てて次のように述べています。

僕は小供のうちから青年になる迄世の中は結構なものと思つてゐた。旨いものが食へると思つてゐた。綺麗な着物がきられると思つてゐた。詩的に生活が出来てうつくしい細君がもてゝ。うつくしい家庭が出来ると思つてゐた。もし出来なければどうかして得たいと思つてゐた。換言すれば是等の反対を出来る丈避け様としてゐた。然る所世の中に居るうちはどこをどう避けてもそんな所はない。世の中は自己の想像とは全く正反対の現象でうづまつてゐる。そこで吾人の世に立つ所はキタナイ者でも、不愉快なものでも、イやなものでも一切避けぬ否進んで其内へ飛び込まなければ何にも出来ぬといふ事である。……大なる世の中はかゝる小天地に寐ころんで居る様では到底動かせない。然も大に動かさゞるべからざる敵が前後左右にある。苟も文学を以て生命とするものならば単に美といふ丈では満足が出来ない。丁度維新の志士勤王家が困苦をなめた様な了見にならなくては駄目だらうと思ふ。間違つたら神経衰弱でも気違いでも入牢でも何でもする了見でなくては文学者になれまいと思ふ。[14]

青年期までの自分は、世の中は美しいと思っていた。そして、自分もそのような美しく優雅な生活を得ることを望んでいた。しかし、現実の世の中は、まったく異なっている。世の中がいかに汚く、不愉快で、嫌なものであっても、それを避けずに闘わなくてはならない。「文学」を生命とするものは、単に「美」だけで満足することはできず、「維新の志士」らに匹敵する困苦が必要だとまで言うのです。

十月二十三日の狩野宛て第二便で漱石は、なぜ京都に行かず東京に留まろうとするのかについて、さらに踏み込んで、過去の自分の処世態度にたいする深い後悔を述べ、二度と同じことを繰り返したくないとの決意を示しているのですが、ここでは紙幅の余裕がないため、引用を省略します。みなさん、とりわけ壮年期の危機に直面している方は、ぜひご自身で探して読んでいただければ、必ず危機を乗り越える勇気を与えられる手紙だと思います。

(四)「百年計画」

さて、このような手紙を受け取った狩野は、漱石にどんな返事を出したのでしょうか。残念ながら、先にも述べたように狩野の漱石宛ての手紙は残っていないので、なんとも言いようはないのですが、推測するための手がかりがまったくないわけではありません。それは、この手紙の後に、漱石の考えに微妙な変化が生じていることからうかがえます。

先に見たように、この頃の漱石は、「打死」するとか、「間違つたら神経衰弱でも気違いでも入牢でも何でもする了見」であるとか、ずいぶん過激な言い方を繰り返しています。狩野に手紙を送るより少し前の高浜虚子（たかはまきょし）宛ての書簡では、次のようにまで言っています。

小生は生涯に文章がいくつかけるか夫が楽しみに候。又喧嘩が何年出来るか夫が楽に候。……小生は何をしても自分は自分流にするのが自分に対する義務でありかつ天と親とに対する義務だ思ひます。天と親がコンナ人間を生みつけた以上はコンナ人間で生きて居れと云ふ意味より外に解釈しやうがない。……親と喧嘩をしても充分自己の義務を尽して居るのであります。天に背いても自分の義務を尽して居るのであります。況んや隣り近所や東京市民や日本人民や乃至世界全体の人の意思に背いても自分には立派に義理が立つ訳であります。……昔はコンナ事を考へた時期があります。正しい人が汚名をきて罪に処せられる程悲惨な事はあるまいと。今の考は全く別であります。どうかそんな人になつて見たい。世界総体を相手にしてハリツケにでもなつて、ハリツケの上から下を見て此馬鹿野郎と心のうちで軽蔑して死んで見たい。(15)

「自分は自分流にするのが自分に対する義務」とはいえ、世界全体の人の考えに反してでも自分を通し、「世界総体を相手にしてハリツケにでもなつて、ハリツケの上から下を見て此馬鹿野郎と心のうちで軽蔑して死んで見たい」というのは、いかにも過激というより、もはや破れかぶれとでも言った方がよさそうです。

同じ頃の書簡には、「僕の胃病は今年程よき年はない。天下の犬を退治れば胃病は全快する。是が僕の生涯の事業である。外に願も何もない。況んや教授をや況んや博士をや」(16)とか、「正は勝たざるべからず、邪は斃れざるべからず。犬は殺さゞるべからず。豚は屠らざるべからず、猪子才は頓首(しゅ)せしめざる可からず」[17]等ともあり、このような「天下の犬」への憤怒(ふんぬ)の念が、むしろ漱石の胃病の原因のようにも思われます。

ところで、『吾輩は猫である』は明治三十八年一月から三十九年八月にかけて『ホトトギス』に連載されましたが、その中で、哲学者の八木独仙が「猫」の主人の苦沙弥先生にたいして、「君のような貧乏人でしかもたった一人で積極的に喧嘩をしようと云うのがそもそも君の不平の種さ。……消極的の修養で安心を得ろ」（第八回）と忠告する場面があります。

この八木独仙のモデルが狩野亨吉であると言われます。苦沙弥は言うまでもなく漱石です。ここで「積極的（に喧嘩）」「消極的（の修養）」というのは、八木独仙の次のような考え方にもとづいています。

> 西洋人のやり方は積極的積極的と云つて近頃大分流行(はや)るが、あれは大(だい)なる欠点を持つて居るよ。第一積極的と云つたつて際限がない話しだ。いつ迄(まで)積極的にやり通したつて、満足と云ふ域(いき)とか完全と云ふ境(さかい)にいけるものぢやない。……ナポレオンでも、アレキサンダーでも勝つて満足したものは一人もないんだよ。人が気に喰(く)はん、喧嘩をする、先方(せんぽう)が閉口(へいこう)しない、法庭(ほうてい)へ訴へる、法庭で勝つ、夫(それ)で落着(らくちゃく)と思ふのは間違(まちがい)さ。心の落着は死ぬ迄(まで)焦(あせ)つたつて片付く事があるものか。寡人政治(かじんせいじ)がいかんから、代議政体(だいぎせいたい)にする。代議政体がいかんから、又(また)何かにしたくなる。川が生意気だつて橋をかける、山が気に喰はんと云って隧道(トンネル)を掘る。交通が面倒だと云つ

て鉄道を布く。夫で永久満足が出来るものぢやない。去ればと云つて人間だものどこ迄積極的に我意を通す事が出来るものか、西洋の文明は積極的、進取的かも知れないがつまり不満足で一生をくらす人の作つた文明さ。日本の文明は自分以外の状態を変化させて満足を求めるのぢやない。……山があつて隣国へ行かれなければ、山を崩すと云ふ考を起す代りに隣国へ行かんでも困らないと云ふ工夫をする。山を越さなくとも満足だと云ふ心持ちを養成するのだ。(18)

西洋の文明は「積極的」だが際限がなく、どこまで行っても満足に達しない。一方、日本の文明は環境ではなく自分自身を変化させて、満足という「心持ち」を「養成」する。これが「消極的の修養で安心を得」るという意味です。

第八回が『ホトトギス』に発表されたのは、漱石が京都の狩野に書簡を送った年の一月です。その後も漱石は十月に狩野に手紙を送るまで、「世界総体を相手にしてハリツケ」になりたいとか、「天下の犬を退治」する、「打死」、「入牢」するなどと繰り返しているので、八木独仙の「消極的の修養」論にたいしては懐疑的であったと思われます。というより当時の漱石は、「物の本」派の狩野の考えはこんな程度と見くびっていたのではないでしょうか。その狩野から、いかにも自分の書きそうな文学的な手紙が届いたから「驚ろいた」と言うのです。

狩野に手紙を送った後の漱石は、どこかそれまでの焦燥感が薄れ、「心の落着」を得たように感じられます。七月の虚子宛ての手紙では「ハリツケ」云々と喚いていたのが、狩野に手紙を送った翌月の手紙では、次のように記しています。

僕は十年計画で敵を斃す積りだつたが近来是程短気な事はないと思つて百年計画にあらためました。百年計画なら大丈夫誰が出て来ても負けません。(19)

「十年計画」では、実際に敵を斃すか自分が打死するかのどちらかになるでしょうが、「百年計画」になると、勝敗の決する時には敵も自分もすでにこの世にはいません。これは「消極的の修養で安心を得る」こととイコールではないでしょうが、「どこまで積極的に我意を通す」こととも、ちょっと異なるようです。

この漱石の微妙な変化に、狩野からの返信による影響があったとまでは断言できないにせよ、漱石の「畠の方へ近付いて」来た狩野にたいして、漱石も狩野の「畠の方へ近付いて」行った結果であることは、疑えないと思います。

三．狩野と漱石の思想的共立

（一）「自然」

漱石の「十年計画」から「百年計画」への変更（明治三十九年）に、狩野からの思想的影響があった、そしてこの計画を実現すべく漱石が小説家として自立（明治四十年）したことが、今度は狩野の京大辞職（明治四十一年）等彼の生き方に影響を与えたというのが、本稿の見立てです。

このような思想的な相互影響を、ここでは「物の本」派と「物語り」派の思想的共立と捉え、最後にそれを狩野の「安藤昌益」（一九二八）、「歴史の概念」（一九四〇）という文章を中心に考察してみたいと思います。「共立」とは、「前置き」で述べたように、一見対立的に見える物どうしが、深いところでつながっているという意味です。

漱石全集が何十巻にも及ぶのに比べ、狩野の文章は安倍能成（一八八三～一九六六）編『狩野亨吉遺文集』（岩波書店、一九五八）の九篇、鈴木正著『狩野亨吉の研究』（ミネルヴァ書房、二〇一三）「第二部　狩野亨吉遺文抄」の十六篇くらいしかなく、全部をあわせても漱石全集の一巻分にも及びません。

ここにも「物語り」派の漱石と「物の本」派の狩野との対照的側面が見られるようですが（蔵書量ではこの関係が逆転するのも興味深い）、それはともかく、数少ない狩野の文章の中で比較的まとまった文章の一つが、漱石が亡くなってから十年あまり後（「夏目君と私」が発表されたのと同じ昭和三年）に書かれた「安藤昌益」です。

安藤昌益（一七〇三～一七六二）は現在の秋田県大館市出身の医者・思想家でしたが、当時まったく「忘れられた」[20]存在であった昌益の著書を発見したのが、同じ大館出身の狩野亨吉であったという事実は、とても不思議です。狩野の文章を見てみましょう。

明治三十二年の頃であつた。私は自然真営道と題する原稿本を手に入れた。……自然真営道の原稿本は大正十二年の春東京帝国大学に買上げられ、其年の大震災に焼けてしまつた。かういふ事にならうとは夢思はなかつたので、私も又私から借りて見た二三の友人も、誰あつて抄写して置かなかつた。……然るに翌年幸ひにも又安藤昌益の著した統道真伝と云ふ書物を得ることが出来た。……此本を獲て幾分損失を恢復した様な気がしたものの、此書は門人に示す為めの抄録のごとく思はれ、概要を瞰ふことは出来るが、内容の上にも修辞の上にも著しい差異があつて、同一人の著述としては甚だ見劣りがするのである。自然真営道に在つては安藤は畢生の精力を傾注した思索の結果を、百年の後を期して書残すのであるとの用意のもとに筆を採つたものである……。[21]

これを見ると、狩野が昌益の『自然真営道』(原形は百一巻。現存は十五巻)を手に入れたのは、明治三十二(一九〇六)年の第一高等学校校長時代であったことがわかります。狩野はその内容や修辞があまりに個性的であることから、当初は狂人の著書と思い、しばらくは手に取ってじっくり読もうとはしなかったようです。

その後、同じ東北出身の吉野作造(一八七八―一九三三)の強い薦めによって、この本は東大の図書館に納められるのですが、その年の関東大震災(一九二三)でほぼ焼失するというのも、同書の不思議な運命を象徴しているかのようです。

その後、また狩野は昌益の『統道真伝』（四巻）を入手しますが、『自然真営道』に比べると「見劣り」がしたと言います。なぜなら、『自然真営道』執筆における「百年の後を期して書残す」といった気迫が、弟子のための覚え書き程度の『統道真伝』には感じられなかったからです。

漱石の「百年計画」にも通じる、昌益の「百年の後を期」すとは、いったいどんな意味でしょうか。それを確認するためには、まずは狩野が昌益の思想の核心をどう捉えていたかを見てみる必要があります。

> 今から二百年前、安藤昌益なる人があつて、万物悉く相対的に成立する事実を根本の理由とし、苟くも絶対性を帯びたる独尊不易の教法及び政法は皆之を否定し、依て此等の法に由る現在の世の中即ち法世を、自然の道に由る世の中即ち自然世に向はしむるため、其中間道程として民族的農本組織を建設し、此組織を万国に普及せしむることに由つて、全人類社会の改造を達成せしめようとした……。(22)

絶対的な「独尊不易の教法及び政法」による世の中（「法世」）をすべて否定するという考えは、明治の終わりから昭和の初めにかけての日本で公表するには、きわめて危険な思想です。先に見たように、狩野が皇太子教育係職の斡旋を「思想上の不適任」を理由に断ったというのも、狩野自身、昌益同様の思想をもっていたからと思われます。

「法世」を「自然世」に向かわせるべく、「全人類社会の改造」を企てるという表現は、たんに昌益の時代だけでなく、辛亥革命（一九一一）やロシア革命（一九一七）が相次いでいた当時の雰囲気を意識したものであることは、間違いありません[23]。しかし、狩野の考える昌益の社会変革は、暴力的な手段によるものではなく、「平和主義」的なものでした。

> 安藤は実は純粋なる平和主義の人であつた。平和を唱へながら直ぐと腕力に訴へる様な族とは全然其選を異にしてゐたのである。彼の常に云ふ語に、我道には争ひなし、吾は兵を語らず、吾は戦はず、と云ふのがある。……此考が形を変じて前陳べた所の百年の後を期して書残すのであると云ふ語に成つたことは尤も味ふべき所である。[24]

「我道には争ひなし、吾は兵を語らず、吾は戦はず」と常に宣言する「平和主義」者である昌益にとって、変革の道程は必然的に「百年の後を期」すものになると言うのです。「たった一人で積極的に喧嘩」して「打死」しようとする漱石にたいして、当時すでに『自然真営道』を読み始めていた狩野が、こうした昌益流「百年計画」を伝えたとするのは、想像のしすぎでしょうか。もしも、そう想像してよければ、それまで「消極的の修養による安心」論者であると見なしていた狩野のイメージは、大きく変わったはずです。

では、このような「百年計画」によって向かう「自然世」とは、何なのでしょうか。狩野は次のように言っています。

> 安藤は遂に法世其者を棄てようと決心し、棄て得る限りの総ての物を棄て去つた所で、尚且つ棄てようとしてもどうしても棄てられない物が残つた。……曰く自然。……然らばそは何ものである。曰く互性活真。互性活真を平易に云へば一切の事物は相対して成立すると云ふ事である。……自然の事物を悉く相対的と見、相対性を有する者に非らざれば成立することを得ずと考へたのである。この相対性のことを互性の二字で表し、成立の状態を活真の二字で現はし、茲に於て自然の事物は互性活真なりと云ふのである。進んでは又これが自然の作用であると云ふ意味で自然真営道とも称するのである。[25]

「法世」にかかわる総ての物を棄てても、なおかつ残るもの、それが「自然」。そして、その「自然」とは、一切の事物が相対（「互性」）して成立（「活真」）している状態のことだと言っています。「絶対性を帯びたる独尊不易」という「法世」のあり方に対して、あらゆる事物が自律的に活動しながら相互につながり合っている「自然」の作用が「真に営まれている道」、それが「自然世」だと言うのです（図４）。

「自然」は、漱石にとっても重要な概念です。そのことは、たとえば「文明開化という強制された日本の近代のなかに生きて、漱石はたえず生の根源、あるいは自然へと向う発想を持った。漱石の

図4　2019年秋、青森県立美術館の展覧会（「青森EARTH2019：いのち耕す場所 ― 農業がひらくアートの未来」）で、大小島真木＋アグロス・アートプロジェクト《明日の収穫》と一緒に壁面を飾った安藤昌益「自然の世の論」

＜撮影：奥脇嵩大　提供：青森県立美術館＞

作品にくりかえし現われる「自然」の語彙が端的にそのことを示しているが、それは近代文明への烈しい呪詛と結びついている。漱石に日本の近代の虚構を、根底において把握させたものが「自然」である」[26]などと言われています。

しかし、この点には紙幅の都合上、これ以上深入りはせず、漱石が狩野の見た夢にたいして、「人はよく平生思つてるものを夢に見ると云ふが僕の考では割合から云ふと思はないものを見る方が多い。……狩野さんも僕の事を思つてたから見たのぢやなからう虚心平気の所へ僕と養母と娘が出現したのだらう」と述べ、

> 僕の様な人間は君程悟つてゐないから稍ともすると拘泥していけないが夢丈は自由自在で毫も自分に望も予期もないから甚だ愉快だ。どんな悪夢を見てもどんな罪な夢を

見ても自然の極致を尽してゐるから愉快だ。(27)

と、現実での「拘泥」と夢の「自然」さとを対比させていることのみ、付言しておきたいと思います。昌益同様、漱石も法世の「拘泥」を棄て去り、「自然」の世界に歩んでいくことを願っていたようです。

（二）「歴史」

狩野は昌益をもち上げるだけでなく、問題点も指摘し、昌益は「自然」を「互性」とのみ見て、「因果」と捉えることを知らないと批判しています。「互性」が「自然」の空間的・静的な見方であるのに対し、「因果」は時間的・動的な見方、つまり原因と結果が縦につながって進展していく「歴史」という概念が、昌益には欠けていると言うのです。(28)

それでは、狩野自身の「歴史」概念理解はどのようなものだったのでしょうか。昭和十五（一九四〇）年に発表された「歴史の概念」を見ると、なんと「歴史」とは「宇宙」そのものであるとされています。

まず狩野は、あらゆる事実が複雑無限に連鎖して発展していることを認め、それを「事実網」と名づけます。(29)「事実網」は今の言葉で言えば、まさに「ネットワーク」です。

世間に絶対と称せられるものが少くないが、……絶対と見るは錯覚である……。宇宙の隅から

> 隅まで瀰漫する事実網の一々の事実は、大となく小となく密接に相関聯して脈動し、二六時中静止することなく、刻々に変化を生起し、其結果事実網は新なる状態に移行する。而して此事実網経過の状態は何時始まつたか何時終るか判然と知ることが出来ない。(30)

この世界に「絶対」的なものはない。宇宙の隅から隅まで張りめぐらされた「事実網」の一つ一つの事実は、すべて密接につながり影響し合って、一瞬ごとに変化を生じ、その結果「事実網」自体を移行させる。その移行の始点も終点もわからない。すべての点が相対的に関係し、流動していると言うのです。そして、次のように続けます。

> 此意味に於て経過は歴史の実体であるとの見方が成立する。此見方を一歩進めると事実網も歴史的となり、否歴史の最後の本体となるのである。……この意味に於て宇宙は歴史を創成し、一々の事実は之に参加するものと解すべきである。宇宙は歴史である……。(31)

これはまさに歴史をネットワーキングとして見る理解です。この意味において「宇宙は歴史である」という考えは、歴史を作る主体を人間だけに限らず、宇宙の一つ一つの事物に認めていたことを示しています(32)。

ところで、これときわめて似た考えを、漱石ももっていたようです（「物語り」派の漱石の場合は、

図5　アーネスト・リース編集のCanterbury Poetsシリーズ
『ホイットマン詩集（The Poems of Walt Whitman）』（1886）
<「漱石文庫」所蔵本より>

もう少し文学的な表現ですが）。それは、狩野と知り合ったばかりの明治二十五（一八九二）年、漱石二十六歳の時の「文壇に於ける平等主義の代表者「ウオルト・ホイツトマン」Walt Whitmanの詩について」に見られます。

ホイットマン（一八一九〜一八九二）といえば、「デモクラシーの聖書」とも称される詩集『草の葉』（Leaves of Grass、一八五五）（図5）によって有名なアメリカの詩人で、日本でも大正デモクラシーの頃からよく読まれるようになりました。このホイットマンを日本に初めて紹介したのが、漱石のこの文章なのです。

タイトルに見られるように、漱石はホイットマンを共和国アメリカの「平等主義」を代表する詩人と呼んでいます。しかし、その「平等主義」とは、「独立の精神」に支えられた「共和国民の気風」であるという点が、むしろ漱石の最初に強調したいところです。

元来共和国の人民に何が尤も必要なる資格なりやと問はゞ独立の精神に外ならずと答ふるが適当なるべし。独立の精神なきときは平等の自由のと噪ぎ立つるも必竟机上の空論に流れて之を政治上に運用せんこと覚束なく之を社会上に融通せん事 益 難からん。人は如何に云ふとも勝手次第我には吾が信ずる所あれば他人の御世話は一切断はるなり。天上天下我を束縛する者は只一の良心あるのみと澄し切つて険悪なる世波の中を潜り抜け跳ね廻る是共和国民の気風なるべし。(33)

人がなんと言おうと自分は自分、というのは、まさに「個人主義」者漱石ならではとも言えそうです。このような「独立の精神」に支えられたホイットマンの「平等主義」が、彼の詩の中にどのように現れているか、漱石の説明を見てみましょう。

「ホイットマン」の平等主義は如何にして其詩中に出現するかと云ふに第一彼の詩は時間的に平等なり次に空間的に平等なり人間を視ること平等に山河禽獣を遇すること平等なり。平等の二字全巻を掩ふて遺す所なし。(34)

ホイットマンの詩は、時間的にも、空間的にも平等であり、人間と自然（生物、無生物）を区別することもないというのです。

空間的に平等というのは、アフリカの砂漠もロンドンの繁華も同等の権利をもって彼の詩の中に登場するという意味で[35]、こちらはわかりやすいと思いますが、一方、時間的に平等というのは、どんな意味なのでしょうか。漱石は次のように説明しています。

> 時間的に平等なりとは古人に於て崇拝する所なく又無上に前代を有難がる癖なきを云ふ。……其歌ふ所は過去にあらずして現在にあり。是れ過去を賤しむにあらず只之を尊奉せざればなり望を未来に属する者なり是現在に不満なるにあらず世界の大勢は古今を一貫し前後を通徹して円満の域に進行すればなり。[36]

時間的に平等とは、いたずらに過去を崇拝せず、現在を歌うという意味である。しかし、それは過去を否定するのではない、未来に期待をかけるからである。未来に期待するのは、現在に不満だからなのではない、「世界の大勢」は過去・現在・未来がすべてつながり影響し合って、一歩一歩「円満の域」（＝「自然世」？）に進んでいるからだと言うのです。

より具体的には、ホイットマンの詩の中にこのように歌われていると言います。

> 其詩に曰く我が今日あるは皆祖先の賜過去の報なり埃及印度希臘羅馬皆吾人をして此域に達せしめたる者なり「ケルト」「スカンヂネウビアン」「サクソン」亜拉比亜人皆今日の境界を補益

したる者なり航海、法律、工業、戦争、詩人、卜者、奴隷の売買、十字軍の遠征、僧侶、旧大陸、列国の興廃、宗教の盛衰皆預かつて力あらざるなし……余は百般の思想を有し百般の事物を信ず唯物論も真ならん唯心論も嘘と云はじ……過去は斯の如くならざる可らざるが故に斯の如し現在も然らざる可らざる理由あつて然り。……過去は広大なり未来も亦広大ならん奇なるかな此広大なる過去と未来とは現世一代に蹙まる故に我等何処の果に生息するとも其生息する所即ち万民の中心なり百代の中心なりと。(37)

エジプト、インド、ギリシア、ローマなどの文明の発祥地であれ、ケルト、スカンジナビア、サクソン、アラビアなどの文明の展開であれ、すべての過去の善悪さまざまな営みが、現在の私の構成要素となっている。したがって、わたしは唯物論も唯心論も区別しない。始点も終点もわからない過去と未来の事物が、すべてつながって現在に流れ込んでいる以上、世界のどこに生息しようと、いかなる時代に生きようと、あらゆる存在が「万民の中心」であり、「百代の中心」である。これは、狩野の「歴史」の理解と、はなはだ似た発想だとは言えないでしょうか。

四．おわりに

以上、「物の本」派の狩野亨吉と「物語り」派の夏目漱石という二人の親友が、それぞれの個性を保ちながらも、お互いの人生を左右するような深い影響を及ぼし合って交流する様子を見てきました。この事実から、わたしたちはどのような教えを学び取ることができるでしょうか。

あまりに専門化した学問、分業化した職業、隣近所に住んでいる人の顔も知らない社会。しかし、世界を細分化して、その中に安住しようとするそのような境界を、人々は移動し、自然（環境汚染、パンデミクスも）は楽々と乗り越えます。

それは、この世界を構成している事物が、対象化されながらも漠然とつながっている「もの」だからです。そのような世界（「自然世」）のあり方を想像（イマジン）するための豊富な材料がこの日本には、とりわけ東北にはあるのだということを、「わたしのモノがたり」の結論としたいと思います。

【註】

(1) 両者の関係については、青江舜二郎『狩野亨吉の生涯』（明治書院、一九七四）付篇「亨吉と漱石」が詳しい。
(2) 鈴木正『狩野亨吉の研究』（ミネルヴァ書房、二〇一三）「第二部　狩野亨吉遺文抄」所収。
(3) 荒正人『増補改訂　漱石研究年表』（集英社、一九八四）によれば、漱石が狩野と「特に密接な交際をするようになる」のは、明治二十三（一八九〇）年九月から（一二三～一二四頁）。
(4) 内田魯庵宛て明治四十五年四月二日付書簡（『漱石全集　第二十四巻』岩波書店、一九九七、十八頁）。
(5) 狩野亨吉「漱石と自分」（安倍能成編『狩野亨吉遺文集』岩波書店、一九五八所収）。
(6) 野上豊一郎宛て明治四十年三月二十三日付書簡（『漱石全集　第二十三巻』岩波書店、一九九六、三十五頁）。

(7) 夏目伸六『父・漱石とその周辺』芳賀書店、一九六七、二九二～二九三頁。

(8) 漱石との交際時期を中心に、以下の書肆心水ホームページ中の「狩野亨吉著『安藤昌益』」の「著者略年譜」等を参考にして作成。http://www.shoshi-shinsui.com/book-kanou.htm（二〇二〇年三月一日閲覧）。

(9) 夏目鏡子述、松岡譲筆録『漱石の思ひ出』（東北大学附属図書館ホームページ中の「夏目漱石ライブラリ」の「漱石の生涯」より引用）。

(10) 狩野亨吉宛て明治三十九年十月二十三日付書簡（『漱石全集　第二十二巻』岩波書店、一九九六、五百九十四頁）。

(11) 『日本』明治三十九年十月十七日（水）第六面〈○文界風の便り〉に、漱石が「廿幾年振か」で養母及びその娘と再会し、「漱石も大に喜んで金品を母子に与へて帰へしたのは遂此の頃の事、其後も度々母子を訪ふては其寂蓼を慰めて居るとのことだ」。

(12) 狩野亨吉宛て明治三十九年十月二十三日付書簡（『漱石全集　第二十二巻』岩波書店、一九九六、五百九十五～五百九十六頁）。

(13) たとえば中川芳太郎宛て明治三十八年七月十五日付書簡に、「先達日本新聞がきて何でも時々かけといふから。僕もつくづく考へたね、毎日一欄書いて毎日十円もくれるなら学校を辞職して新聞屋になつた方がいゝと」（『漱石全集　第二十二巻』岩波書店、一九九六、三百九十三頁）等。

(14) 鈴木三重吉宛て明治三十九年十月二十六日付書簡（『漱石全集　第二十二巻』岩波書店、一九九六、六百五～六百六頁）。

(15) 高浜虚子宛て明治三十九年七月三日付書簡（『漱石全集　第二十二巻』岩波書店、一九九六、五百十九～五百二十頁）。

(16) 加計正文宛て明治三十九年六月十二日付書簡（『漱石全集　第二十二巻』岩波書店、一九九六、五百十五頁）。

(17) 野村伝四宛て明治三十九年六月二十三日付書簡（『漱石全集　第二十二巻』岩波書店、一九九六、五百十五頁）。

(18)『吾輩は猫である』(『漱石全集　第一巻』岩波書店、一九九三、三百五十五～三百五十七頁)。
(19)高浜虚子宛て明治三十九年十一月十一日付書簡(『漱石全集　第二十二巻』岩波書店、一九九六、六百十九頁)。
(20)安藤昌益の名が、一般に広く知られるようになったのは、カナダの歴史学者、外交官のハーバート・ノーマン(一九〇九～一九五七)の『忘れられた思想家－安藤昌益のこと－』(岩波新書、一九五〇。原著一九四九)によって。
(21)安倍能成編『狩野亨吉遺文集』岩波書店、一九五八、十六～十七頁。
(22)安倍能成編『狩野亨吉遺文集』岩波書店、一九五八、十五頁。
(23)この点に関わり、熊本五高時代の漱石と狩野が中国の革命運動の雰囲気に触れていたこと等については、閻秋君・片岡龍「人類の変革に向き合う日本的特性－狩野亨吉「安藤昌益」・宮崎滔天「革命問答」を中心に－」(『〈霊性〉と〈平和〉』四、二〇一九)。東アジア〈霊性〉・〈平和〉研究会ホームページで公開。http://www2.sal.tohoku.ac.jp/reisei/
(24)安倍能成編『狩野亨吉遺文集』岩波書店、一九五八、十七～十八頁。
(25)安倍能成編『狩野亨吉遺文集』岩波書店、一九五八、二十三～二十四頁、四十二頁。
(26)中山和子「漱石－初期における自然の意味－」(『文芸研究』二十六、一九七一)
(27)狩野亨吉宛て明治三十九年十月二十三日付書簡(『漱石全集　第二十二巻』岩波書店、一九九六、五百九十五頁)。
(28)安倍能成編『狩野亨吉遺文集』岩波書店、一九五八、四十五頁。
(29)安倍能成編『狩野亨吉遺文集』岩波書店、一九五八、百十八頁。
(30)安倍能成編『狩野亨吉遺文集』岩波書店、一九五八、百十八頁、百二十三頁。
(31)安倍能成編『狩野亨吉遺文集』岩波書店、一九五八、百二十三頁。
(32)これは、近年フランスのブリュノ・ラトゥールらが唱える「アクターネットワーク理論」の先駆けと言えるかもしれません。

(33)「文壇に於ける平等主義の代表者「ウオルト・ホイツトマン」Walt Whitmanの詩について」(『漱石全集　第十三巻』岩波書店、一九九六、五〜六頁)。

(34)『漱石全集　第十三巻』岩波書店、一九九六、六頁。

(35)『漱石全集　第十三巻』岩波書店、一九九六、九頁。

(36)『漱石全集　第十三巻』岩波書店、一九九六、六〜七頁。

(37)『漱石全集　第十三巻』岩波書店、一九九六、七〜八頁。

発見のモノがたり

―ダーウィン、アインシュタイン、ソシュール―

阿部　宏

2 発見のモノがたり
―ダーウィン、アインシュタイン、ソシュール―

阿部　宏

一．ソシュールがかわいそうだ

どの分野であれ、発見や発明は、これまでの常識を覆すようなもの、つまり斬新であればあるほど評価されるのではないでしょうか。そしてその発見者や発明者は、歴代の王様や宗教の開祖、偉大な芸術家、偉業をなした大政治家と同じように、歴史に名前が刻まれることになります。世界史や倫理社会の教科書に載ったり、偉人伝の対象にもなるかもしれません。

このような歴史上の人物の中でも特に理科系の研究者については、ある種のステレオタイプが流布していて、小学生の時から先生にも勝るほどの早熟な天才、といったイメージを私たちは抱きがちです。あえて極端に戯画化すると次のようになるかもしれません。学校で両親や先生も驚くような成績をあげた秀才児がそのまますくすくと成長していき、ガリ勉もしないのに難関大学に余裕で合格、その後に学者として立派な発見や発明をする。それはまず専門分野の近い身近なところですぐ認められ、次第に世界的にも知られるところとなる。やがては立派な賞を授与される。次の世代の研究者が、偉大な発見に感謝しながらその基盤の上にさらに成果を積み上げ、初代発見者の名声は死後もますます高まっていく。

例えば梅毒スピロヘータ等の数々の病原体を発見し、二度もノーベル賞の候補にあがった野口英世（一八七六―一九二八）は、清作と呼ばれた少年時代、まだ小学生でありながら下級生に先生として教えるほど勉強のできる子供でした。火傷で左手に障害を抱えてしまったので、実家の農作業を継ぐことはむずかしくなってしまいました。そこで学者の道を志し、いっそう勉学に身を入れる。家が貧しかったのですが、恩師の先生の資金援助で、当時まだ義務教育ではなかった小学校高等科（現在の小学校高学年および中学校あたる）に進学することができました。

手術によって左手の麻痺を治してもらったことに感激し、野口英世はついに医学の道を志す。今度は医学校の先生から資金援助をえながら、勉強を続け、医師免許を取得する。その腕が認められ、清国（現在の中国）でペストの治療に従事する。その後は、アメリカ、ヨーロッパ、南米各国と日本の間を往復しながら、数々の病原菌とその治療法を発見する。アフリカで黄熱病の研究中に、自ら菌に感染し病死するが、彼の発見は死後もますます高く評価されていった。

私の子供時代、野口英世は偉人伝のスーパースターで、伝記のマンガ版も小学校の図書室に複数冊並んでいました。それで、本を読むのが苦手な同級生も野口英世だけはよく知っていました。

しかしその後の医学の進歩により、彼の発見とされていたものは、今日ではかなりの部分が否定されてしまっているのではないでしょうか。

このように偉大な発見とされた研究も、後の時代にあっさり否定されてしまうことがあります。逆に、後で正しいことが判明する発見でも、発表当時は認められないこともよくあります。確信があっても、学界や世間から非難されることを怖れ、成果の公表をためらってしまう若い研究者もいるでしょう。研究の世界は、時代の進展とともに成果が積み木のように次々と上に重ねられて発展していくようなものではないようです。積み木は時に崩されます。あるいは、重い積み木をやっとの思いで持ち上げて積もうとしたら、誰かがすでに積んでしまっているかもしれません。単に傍に放置されていた積み木がにわかに注目され、今度はその上に次々と新たな成果が積み重ねられる場合もあるでしょう。

また、そのような積み木作業に関わった各研究者の人生をたどってみるならば、その研究生活は決して順風満帆ではなかったことがよくわかります。一時的に発見の栄光に浴したとしても、むしろ大部分は失意の繰り返しかもしれません。

ところで私の関心は、理系の研究というよりも、ずっと文学にありました。古典的な作品も好きでしたが、同時代の小説もよく読みました。特に故郷の紀州を描いた『岬』で、まだ三〇歳の若さで芥川賞を受賞し、その後も次々に話題作を出し続けていた中上健次が大のお気に入りでした。しかし大学の文学部に入ってフランス語やフランス文学を勉強しているうちに、文学についてはもちろんのこと、それ以外の様々なフランスの情報も自然と伝わってきます。教室で教授に教わったというよりも、仲間との語らいや文芸誌、種々の雑誌などを通じたものでした。同級生やその前後の当時付き合いのあった仲間には、芥川賞作家や評論家、歌人、僧侶兼著述家、編集者など、その後一家を成した人たちがかなりおります。

そのような若い議論や乱読を競うかのような雰囲気の中で、人の心を描く文学というもの、つまり理詰めの世界とは最も縁遠いと思われた小説や詩が数理的な手法で分析可能であり、実際にフランスでその試みがなされていることを知り、衝撃を受けました。文系と理系は全く違う世界である、という固定観念に勝手にとらわれていたのです。思想史的なことが少し俯瞰できるようになってわかったことですが、一九六〇年代半ばからフランスでは構造主義という思潮が盛んになっていました。それが一〇年くらい続いて、さらにそれが数年遅れで日本に入って来ましたが、ちょうどその頃に私は大学で学部時代を過ごしていたことになります。

構造主義は文学だけに限りません。各民族の植物の分類法、婚姻形態、神話の構造、心の底に潜む無意識の仕組み、ファッションの変遷、新聞の三面記事に載った社会事象までもがその分析対象になります。

表面的には雑多な混沌にしか見えない文化的・社会的事象の根底に、きちんと秩序だった、数学的ともいえるような原理が潜んでいることを構造主義は主張し、これを解明しようとしているかのようでした。そして、その構造主義が方法論のモデルとしていたのが、意外にも言葉の研究だったのです。

しかし、理系の研究が扱う物理的対象、つまりモノとしての実体をもった対象とは全く異なり、言葉には明確な形があるのかどうかすらわかりません。言葉は話された直後に消え去ってしまいます。もちろんそれを記録すれば文字としては残りますが、それを読んで意味がわかったとしても、それ以上の何らかの分析対象になりうるのか。言葉は音にしても意味にしても常に輪郭が曖昧で、捉えどころがないように思えます。

私たちは言葉を使って日常生活を営んでいますが、たとえば誰かとお喋りをしているような時に言葉の存在が特に意識に上ることがあるでしょうか。辞書を引きながら卒業式での答辞や友人の結婚式のスピーチの文案を練るような場合、お詫びや抗議など深刻な内容のメイルを書くような時は別にして、ふつう言葉は私たちにとって空気のようなものです。生活や命の維持にいかに不可欠であっても、あまりにあたりまえなことは意識されなくなってしまうのです。

しかしその言葉が、物理学や数学のように厳密な科学的考察の対象になりうることを発見した人たちがいました。その研究は、まず一八世紀後半にインドの紀元前の言葉の発見からはじまりました。その後、特に一九世紀末にドイツで盛んに研究が行われたのです。さらにその中から、スイス人のフェルディナン・ド・ソシュール（一八五七―一九一三）という研究者が育ってきて、二〇世紀初頭に独自の理論を提唱することになりました。構造主義は、このソシュールの学説を基盤としていたのです。

彼は、自らの理論を大学で講義するようになるはるか前、まず中学生の時に、ついで二十一歳で、言葉の研究でそれぞれ大きな発見をしています。ソシュールの名は構造主義の生みの親として種々の著作や教科書などで広く言及されますが、若い時代のこの二つの発見は言語学の専門家以外にはあまり知られていません。しかし、この二つの発見のその後の巡り合わせは、実に興味深いものなのです。発見の栄誉は、残酷さと常に裏表の関係にあります。発見者は、運命に弄ばれることになるのです。私が発見のモノがたりに興味をもったきっかけは、ここにあります。

毎年、私は授業で言葉の研究について、その誕生から現在までの歴史をお話ししていますが、ソシュールについては特に詳しく扱っています。というのも、ソシュールは、いわばヨーロッパの街の広場のような存在だからです。例えばパリの凱旋門があるエトワール広場からは、誰でもがその名を知っているシャンゼリゼ通りを含む十二本の街路が放射状に広がっています。街中を移動するために、車や人々は必然的にエトワール広場を経由することが多くなります。まずこの広場を目指し、かつここからまた各地に向かっていくのです。つまり、広場は到達点であると同時に出発点でもあります。ソシュールもまた、インド語の発見からはじまる言葉の研究の大きな一つの到達点であり、二〇世紀の新たな言葉研究の出発点であり、音韻論という概念の起源であり、構造主義の出発点でもあり、まさにヨーロッパの街の広場のような存在なのです。

ところで、ある年に行った試験の答案用紙に、「ソシュールがあまりにかわいそうだ。」という全く想定外の欄外の記述を発見して、なぜか心が激しく動揺して採点どころではなくなってしまいました。それからずっと、このことが頭から離れなかったのですが、この学生のコメントは実は自分の無意識を代弁してくれていたのだ、と気づいたのは数年後のことでした。

先述したソシュールの二つの発見は、確かにかわいそうな運命をたどりました。しかし、かわいそうなのはソシュールだけでしょうか。

発見には、その発見を行った人間の様々な感情のドラマが否応なく絡みついています。喜びもありますが、失意、落胆、無念、後悔の思いもあるでしょう。また、発見は、私が特に関心をもってきた言葉における発見も、いわゆる理系の分野における発見も、その発見者の人生を、不可知な運命へと巻き込んでいくもののようです。

本稿では、この観点から、進化論で知られる生物学者ダーウィン、相対性理論を打ち立てた宇宙物理学者アインシュタイン、言葉の研究者ソシュールの各発見のドラマについて考察を巡らせてみたいと思います。

二．人殺しを告白するようなもの

それではまず、進化論で有名なチャールズ・ダーウィン（一八〇九―一八八二）にとって、発見とはどのようなものだったのでしょうか。

彼は南米大陸の海岸線を地理的に調査する目的のイギリスの軍艦ビーグル号に乗って、一八三一年から一八三六年まで五年間の航海を経験します。この頃、彼は軍人でも、まだ生物学者でもなく、医学への適性のなさを自覚しエジンバラ大学の医学部を中退して、それからケンブリッジ大学の神学部を卒業したばかりの、まだ二十二歳の無職の青年にすぎませんでした。しかし、やはり二十六歳とまだ若く、しかも自分と境遇の似た船長から航海中の話し相手として特に請われて、ビーグル号に乗船することになりました。無給という条件だったために、経費は裕福な医者だったダーウィンの父親が支弁したようです。しかし、この船旅はダーウィン個人にとって、またそれ以上に世界の生物学界にとって決定的な収穫をもたらすこととなりました。

エクアドル本土から西に一〇〇〇キロほどの東太平洋に浮かぶガラパゴス諸島で、ダーウィンは奇妙な光景を目にしました。今日、彼にちなんでダーウィン・フィンチとも呼ばれる小型の鳥が、船が一つの島から次の島に渡る毎に、微妙に姿を異にしていたのです。

ダーウインがこの航海を行っていた一九世紀前半は、聖書の創造説がまだ広く信じられていました。旧約聖書によれば、神がまず天地を創造し、それから五日間かけて海や星や各生物を作っていったということです。計六日間働いた後に、神は一日休みました。これが今日の日曜日の起源になっています。聖書ではこの天地創造の具体的年代への言及がありませんが、その他の種々の出来事の記述をつき合わせて、天地創造の正確な日を推定する年代学という神学的研究がありました。例えば、アイルランド長老派の年代学者ジェームズ・アッシャーによれば、天地創造は紀元前四〇〇四年一〇月二三日に行われたとされ、この説が広く信じられることとなりました。また、生物はその創造の時に現在あるのと同じ姿で作られ、それが変化することなしにずっと続いているという考え方です。

しかし、ダーウィンがガラパゴス諸島で目にしたフィンチなどの鳥や亀、またその他の動物たちは、島から島へと少しずつ形を変えていたのです。もしかしたら、それぞれの島の置かれた環境に特に適した個体だけが生き延びて子孫を残したために、結果的に生息するそれぞれの島に合うように外形が変わってしまったのではなかろうか、それが類似しつつも微妙に異なる形態のヴァリエーションを生み出したのではなかろうか、これが彼の進化論の発想の源になりました。

ダーウィンは後に『種の起源』で、「穴に棲むモグラのような齧歯類は、眼が退化している。これは、土中では眼は不要で、眼があるとむしろ炎症を起こしやすいためであろう。つまり、自然淘汰の結果である。」、「野生のカモと家禽となったアヒルを比較すると、翼の骨はアヒルの方が小さく、脚の骨はカモの方が小さい。このことは、家禽となったアヒルは翼を使わなくなったが、歩く量は増えた、ということで説明できる。」、と述べることになります。適者生存、という進化論の基本原則がこれです。

また、「すべての物理的条件が一致した二大陸間でも、その生物種は全く異なっている。しかし、以前は陸続きだったと考えられる近隣の島々に棲む生物はよく似ている。神が各環境に合わせて生物を創造したのだとすれば、このような事例は説明ができない。」とも断言することになります。

したがって、創造説と進化論は真っ向から対立する考え方ということになります。ここでＡＢＣＤＥを各生物と考えて、話を単純化してみると、創造説は図１、進化論は図２のようになるかもし

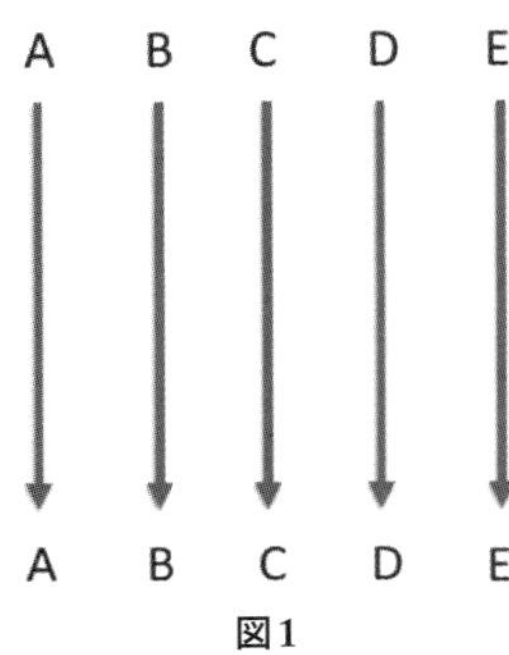

図1

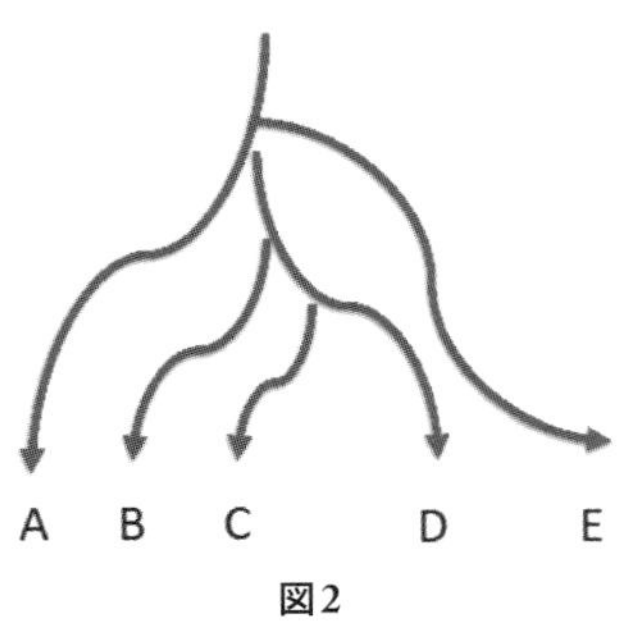

図2

れません。

生物は単細胞からはじまった、クジラとイルカは同系統だ、ヒトはサルから枝分かれして現れた、ということは今日では常識かもしれません。しかし、前述したように、青年ダーウィンが生きていた一九世紀前半の世界は、まだ創造説が支配的な時代でした。ダーウィンは、自らの考えを本にして発表するかどうか非常に逡巡せざるをえませんでした。彼が乗船したビーグル号がイギリスに戻ったのが一八三六年、『種の起源』がついに刊行されたのが一八五九年ですので、なんと二〇年間、彼は迷い続けたのです。

友人であったジョセフ・ダルトン・フッカーという植物学者にダーウィンが宛てた手紙が残っていますが、この中で、「種は不変のものではない。これは、人殺しを告白するようなものですが。」という表現すら彼は使っています。

一七世紀、教会の権威の下で当時支配的だった天動説を否定し、地動説を主張した天文学者ガリレオ・ガリレイは、宗教裁判にかけられました。しかし、その異端審問の場で、「それでも、地球は回る。」とつぶやいたといわれています。発見がそのまま順調に学会や世間に認められる、というような幸運なことはまずありません。それが大発見であればあるほど、その時代の常識に反することになり、厳しい批判にさらされます。ダーウィンもまた、きわめて慎重にならざるをえなかったのです。

他方、『種の起源』の刊行には、もう一つ別の事情が絡んでいたこともわかっています。それは、アルフレッド・ラッセル・ウォレスという生物学者との関係です。一八五八年、つまり『種の起源』刊行の前年のある日、ダーウィンのもとにこのウォレスなる未知の若い学者から論文が送られてきます。そこには、自分の考えとほとんど同様の自然淘汰説が述べられていました。彼は、一方で教会や世間からの批判を怖れて出版をためらいながら、他方で第一発見者の座をかけた焦りにも駆られることになります。相反する二つの方向性に引き裂かれることになってしまいました。しかし、このまま自説を発表しないままでいたら、第一発見者の名誉をウォレスに奪われてしまう、という後者の力に後押しされて『種の起源』は急遽、刊行されることになったのです。

この著書が、生物学界に即座に大反響を及ぼしたことは今日いうまでもありません。結果的に進化論と言えばダーウィンで、今日ではダーウィンだけが有名になってしまいました。しかし、ダーウィンとウォレスのどちらを第一発見者とすべきか、という議論は専門家の間で今でも続いています。

他方、ダーウィン説は生物学のみならず、まったく異なる領域にも大きな影響を及ぼしました。意外に思われるかもしれませんが、その一つは私が専門とする言葉の研究です。例えば、ドイツの言語学者アウグスト・シュライヒャーは、一八六三年、つまり『種の起源』の四年後に『ダーウィン理論と言語学』という書籍を刊行します。これはヨーロッパ系の諸言語と一部のアジア系の言語が同系統で、一つの共通語から分岐して今日に至ったものだ、と主張するものですが、実はダーウィン自身も「各民族の系統が解明されれば、同時に言語の系統についても明確化されるであろう。」、つまり、各言語はある共通語から枝分かれして成立したものだ、またそれはヒトの各民族への分化の過程と平行しているはずだ、と指摘しているのです。

言葉に関する発見のモノがたりについては、第四章でお書きしますが、先取りしてその一部をごく簡単にここで述べると、進化論に発想を得たシュライヒャーの言語の枝分かれ説は正しく、またこれはヨーロッパ系とアジア系の言語だけに妥当するものではなく、世界中の言語がそうであることが明らかになっています。さらに、ヒトの遺伝子解析が進展した現在では、アフリカを発祥地とするホモサピエンスの各民族への分化の過程と各語族への分化の過程が一致することも指摘されています。まさにダーウィンの着想が正しかったといえます。

ところで、この章の最後に、現代の若者を励ますダーウィンということで、ユーモラスな一件を追加したいと思います。

日本でもかつての学生運動の立て看板には時に非常にユーモラスな表現が見られましたが、左の写真1はフランスのグルノーブル大学に留学していた私の元学生・牧彩花さんからいただいたものです。

大学毎に個別の試験が課され、また大学毎に難易度も異なる日本とは異なり、フランスでは、合

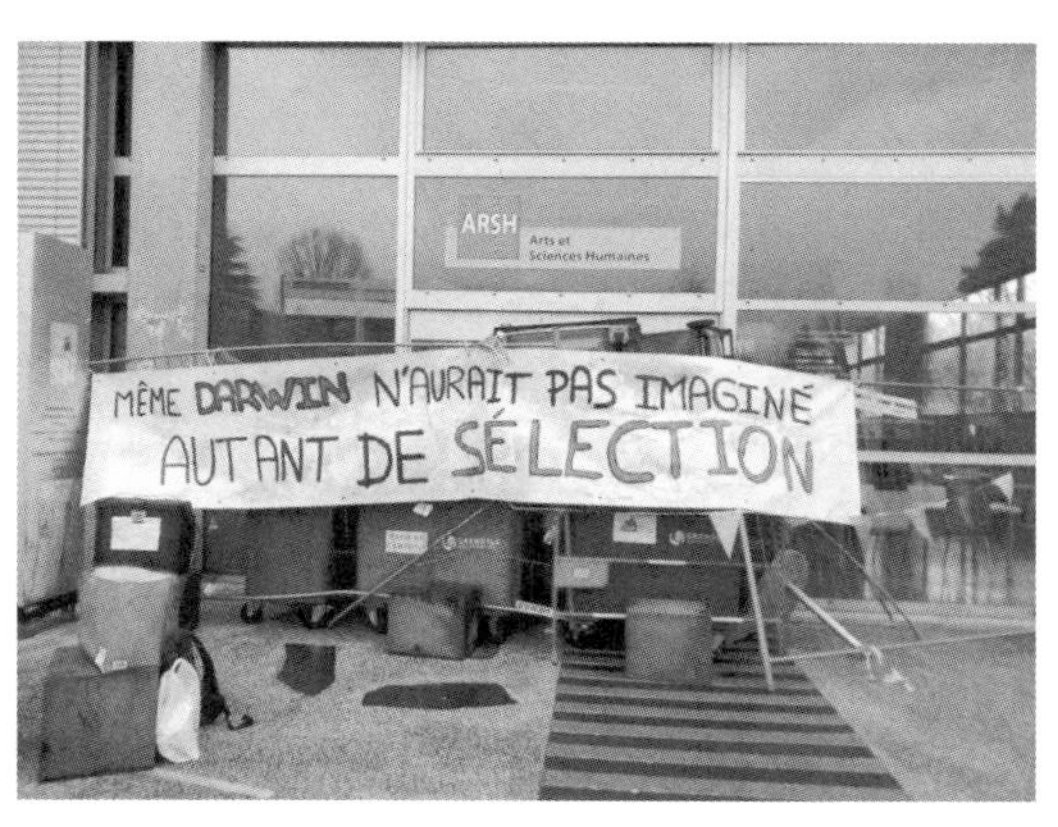

写真１　（牧彩花さん提供）

格率八〇％ほどのバカロレアという大学入学資格試験さえ通過すれば、原則的にどの大学にも入学できるシステムです。またほぼ全てが国立大学ですので、授業料はゼロに近いのです。サッチャー政権の時に大変革を行ったイギリスを除いて、ヨーロッパの高等教育はほとんどこの方式で運営されています。

しかし、フランス政府はここに日本やアメリカ型の競争的な入学試験を導入しようとしています。二〇一八年、学生たちはこれに抗議してバリケードを築き、ストを行ったのですが、横に広げた幕にDARWINという文字があることにお気づきと思います。フランス語で、「ダーウィンですら、このような厳しい選抜は考えつかなかったであろう。」と書かれています。

教育制度は国家予算との関係でも考えなければなりませんので、必ずしも理想論だけではいきません。ある程度の選抜は必要でしょう。また、特に若い段階では、競争して頑張るという精神も大事です。しかし、長く学生に関わってきた私の経験からは、入学試験の点数と、学生のその後の成績はほとんど関係なく、大学院生の出身大学の学部の偏差値とその後の研究成果もほとんど相関しない、というのが率直な実感です。ダーウィン自身も医学を挫折した青年でした。人生の各段階における知的成長の緩急は個人差が激しい、と考えざるをえません。

また、もう一つ別の問題もあります。日本の高等教育にかける予算比率は、OECD国の中で、ほとんど最低レベルで、フランスを含むヨーロッパ諸国のほぼ半分、小さい政府といわれるアメリカ以下なのです。これは、それだけ各家庭の授業料負担が大きいということを意味します。

まだ二〇代未満の段階で選別が厳しく課せられる日本的なシステムよりは、高等教育を希望する若者はとりあえず受け入れる、という、ヨーロッパ型のおおらかな仕組みの方が、学生個人の成長にとっても、社会に有為な人材の確保という観点からも、望ましいように思われます。

三．生涯最大の後悔

前章で述べたように、年代学者アッシャーの創造説に立った場合、宇宙の誕生は紀元前四〇〇四年です。実際は、動植物などの化石が数十億年前のものまで発見されるわけですが、それらは天地創造の時に神があえて古い状態として作って、地中に埋めたのである、と解釈すれば創造説と矛盾しません。キリストの誕生から現在までで二〇二〇年ほどですので、宇宙の誕生から現代まではほぼその三倍の長さ、つまり、私たちのこの世界は意外に新しいということになります。

他方、現代科学では、宇宙は一四〇億年前のビッグバンで誕生したことが明らかになっています。地球の誕生は四六億年前、生命の誕生は四〇億年前、人類の誕生は七〇〇万年前、私たちの直接の祖先であるホモサピエンスの誕生は数十万年前、とされています。あまりの巨大な時間のスケールに、全く実感が湧かないですね。

よく科学雑誌などで、ビッグバンから現代までの時間を一年と仮定すると、人類の誕生は大晦日から新年になるギリギリの頃に過ぎない。といった説明がなされます。しかし本稿では別の試みとして、時間をたとえばお金に換算してみることにします。宇宙誕生から現代までの時間は一四〇億円です。かりに、ある個人が大学卒業後に四十年間働いた給料の総額を二億円と考えると、生涯賃金七〇人分、あるいはその人が何度も生まれ変わって人生を七〇回繰り返して稼いだ額、ということになります。地球は四六億円ですので、生涯賃金二十三人分。人類の歴史は一年の年収程度、ホモサピエンスはノートブック型コンピュータ一台分、ということになります。

これに対して、創造説に立った場合の宇宙の値段はわずか六千円で、ちょっとしたレストランで食事をしてワインを一杯飲んだくらいの料金です。

ところで、現代宇宙論に決定的に重要な役割を果たした一人がアルベルト・アインシュタイン（一八七九―一九五五）であることは、誰もが認めるところでしょう。

彼の生誕一四〇周年にあたる二〇一九年は、特に重要な年でした。写真2をご覧ください。ア

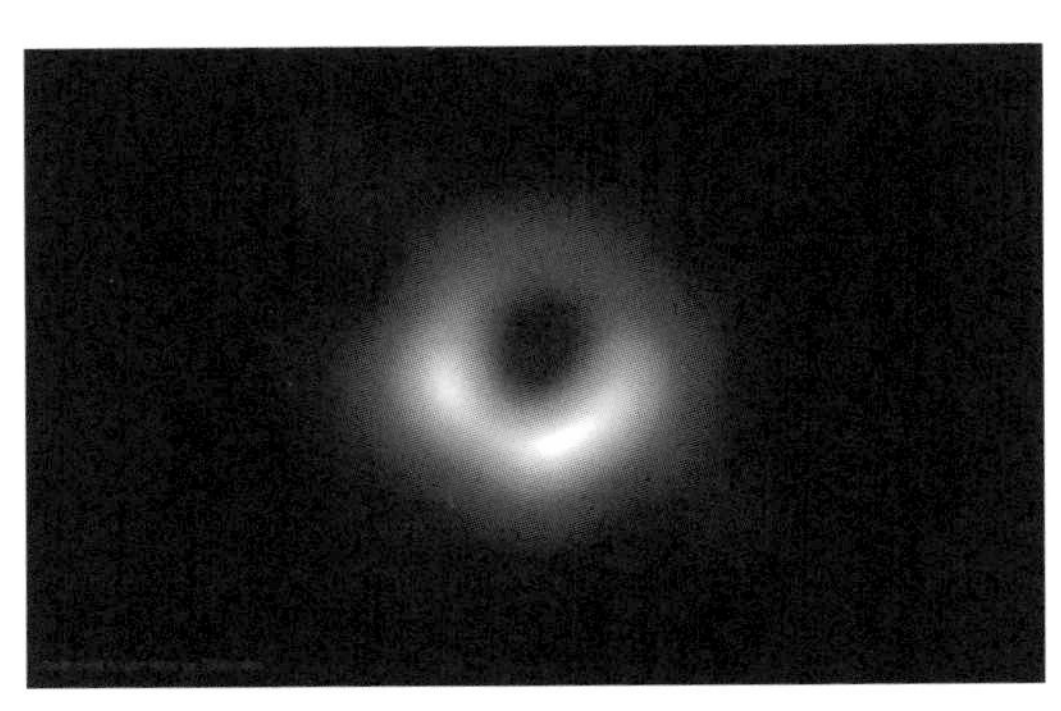

写真2　(https://www.flickr.com/search/?text=black%20hole)

インシュタインの相対性理論の一つの帰結でもあるブラック・ホールが、宇宙望遠鏡によって実際に撮影されたのです。

ダーウィンが挫折した医学生だったことは前章でお書きしましたが、実はアインシュタインもまた高校を中退し、別の学校に転学を余儀なくされ、さらにはチューリッヒ連邦工科大学の受験にも失敗しました。翌年には何とか合格できましたが、好きな科目には夢中になるものの、それ以外の授業にはやる気が起きないという性格が災いして、成績は芳しいものではなかったようです。そのために、アカデミズムの世界を希望しながらも、研究者として大学に残ることはできませんでした。

しかし、家庭教師や、スイス特許局職員として働きながら、好きな物理学の研究に熱心に取り組みました。彼の関心は特に、光は海面の波のような波動なのか、あるいは微小な粒子なのか、ということろにありました。

その後、数年の間に執筆した論文は、専門家の間でそれなりに評価されましたが、彼の人生にとっても世界の物理学界にとっても決定的だったのは一九〇五年の特殊相対性理論と一九一六年の一般相対性理論の発表でした。どの位置においても空間は均質であり、時間も一様に流れるという、アイザック・ニュートンの絶対空間と絶対時間の概念に対して、空間も時間も相対的なものであり、重力や加速運動により歪んだり伸縮したりする、という全く新たな説を彼は提唱したのです。

この理論の正しさは、一九一九年の皆既日食により明らかとなりました。太陽の質量により空間が歪められ、光の進路が曲げられていることがアフリカとブラジルで望遠鏡による観測で実際に確認されたのです。三年後の一九二二年に、アインシュタインはノーベル物理学賞を受賞します。

また二十一世紀にはいって、彼の理論が予想していた重力波が、特に二〇一五年以来次々に検出されることとなりました。机の上のクリップに小さな磁石をかざしてみると、クリップは浮き上がり磁石にくっつきます。これはごく微弱な磁力ですら、地球全体の引力よりも勝っていることを意味します。重力はそれほど弱い力なので、観測機器の精度があがった最近になってようやく確認することが可能になったのです。また、相対性理論の一つの帰結でもあったブラックホールも単なる机上の仮説ではなくなりました。先に述べたように、二〇一九年に実際に撮影することに成功したのです。

こう見てくると、アインシュタインの人生は、学生時代はあまり優秀とはいえなかったとしても、その後は偉大な発見の賞賛に包まれた一生で、当時は検証不可能であった仮説についてすらも、観測機器の現代的進歩により次々にその正しさが証明されつつある、と思われるかもしれません。

しかし、相対性理論以降のアインシュタインは本当はどうだったのでしょうか。原子核の周囲を回る電子の位置は確率的にしか予測できないとする新たな仮説、つまり量子力学の考え方が、彼の存命中にニールス・ボーアをはじめとする次世代の研究者たちによって構想されました。そもそもこの理論は、光は波であるとともに粒子でもあるとするアインシュタイン説が発想の源になっているのですが、彼自身は「神はサイコロ遊びをしない。」と頑迷にこの新理論を否定し続けました。しかし今日、量子力学は世界や宇宙を解釈するための単なる一つの仮説ではなく、定説となっています。その原理を実用化して量子コンピュータが実際に実現されていることは、誰もが知るところです。

また、アインシュタインが提唱した「宇宙定数」という概念は、さらに数奇な運命を辿ることとなりました。物質の質量は空間を歪めます。これは地球上では重力として様々な物体や私たちの体に作用し、星と星の間にあっては引力として働くことになります。となると、巨大な恒星はお互い引き合うはずで、星々の引力で宇宙は縮んでいくはずです。ところが宇宙は縮小することなく、その姿を保ち続けています。そこでアインシュタインは、星々の引力にちょうど拮抗するだけの斥力が働いているはずだと考え、これを「宇宙定数」と名づけたのです。

ところが、一九二九年に衝撃的な発見が発表されました。各銀河同士はむしろ距離を拡大し続けていたのです。つまり、宇宙は引力によって収縮しないどころか、膨張していたのです。

現代科学の世界はデータが全てで、かつての偉大な発見者も新たな具体的証拠の前では完全に無力です。また、伝統的権威や政治的権力ももちろん通用しません。アインシュタインは、「宇宙定数は生涯最大の後悔。」と自らの誤りを認めざるをえない羽目に陥りました。

しかし、話はここで終わりません。現在、一四〇億年前のビッグバンによって宇宙は誕生したとされていますが、素粒子のような超ミクロな状態から巨大な宇宙に拡大していくにあたっては、斥力の存在を仮定しないわけにはいかないのです。また、宇宙のエネルギーの大部分を占めるともいわれているダークマターといわれる正体不明の力を説明するにあたっても、この「宇宙定数」が必要になります。現代の宇宙論において、具体的値こそアインシュタインの考えたものとは違っているようですが、彼の「宇宙定数」仮説が再評価されるようになりました。

創造説の強大な圧力の下で、それに真っ向から刃向かうかのような自然選択説、つまり自らの進化論の公表を二〇年間もためらわざるをえなかったダーウィンとは異なり、アインシュタインがニュートン力学との関係で自説の発表の是非に悩んだ形跡はありません。特許局で働きながら研究を続ける段階で、心の中で何年もニュートンと戦ったことは間違いないでしょう。しかし、これは純粋に学問的レベルのことです。時代はすでに二十世紀に入っていました。またニュートン力学自体が特に教会の権威に支えられて成立していた、というわけはありませんので、アインシュタインにはダーウィン的な悩みは不要でした。

研究者としてデビューしてからのアインシュタインの人生は、傍目からは華々しさの連続だったように見えるかもしれません。彼は三十三歳の若さで、一度は入学試験にすら失敗したチューリッヒ連邦工科大学の教授になりました。またその十年後の四十三歳には、ノーベル賞を受賞しました。

しかし、自らの理論の必然的帰結ともいえる量子力学について、彼は否定し続けました。これは結果的に、彼の栄光にかなりの影を落とすことになりました。そして何より、「宇宙定数」です。膨張宇宙という否定し難い観測結果を突きつけられて、悲痛な思いで「生涯最大の後悔」と自らの誤りを認めたはずが、実はきわめて先駆的な仮説だったのです。死後に名誉は回復されたのかもしれませんが、その時の彼の心中を慮れば、次章で扱うソシュールと同様にアインシュタインもまたかわいそうだった、といえるのかもしれません。

ところで、こうした発見のモノがたりから、私たちは自らの人生に具体的に役立つ何かアドヴァイス的なものをいったい引き出せるのでしょうか。それは無理かもしれません。なぜなら研究者は、義務感からではなく、使命感からでもなく、功利的な動機からではさらさらなく、ただ本能に突き動かされた動物のように、自らの関心の赴くままに衝動的に動いているだけだからです。

しかし、注いだエネルギーは正当に報われず、成果の判定は運命にのみ委ねられます。しかも運命は気まぐれで、自らの判定を後で覆したりもして、彼らを弄びます。この点では、芸術家も文学者も宗教家も同類のように私には思えます。傍目には強固な意志の下に着実に計画を実行しているように見えたとしても、実は自らで運命をコントロールできないかわいそうな存在なのです。

四．そんなこと、中学生の頃から知っていた

二十世紀言語学を基礎づけたともいわれるフェルディナン・ド・ソシュール（一八五七—一九一三）は、スイスのジュネーブで代々学者と実業家を輩出してきた大貴族の家に生まれました。子供の頃から言葉に興味があり、十四歳の時に、「ギリシャ語、ラテン語、ドイツ語を少数の語根に還元するための試論」という論文を書くほどの早熟な少年でした。彼は、当時家族ぐるみで付き合いのあった言語学者アドルフ・ピクテにこの論文を送ったところ、ピクテは、インドの紀元前の言葉であるサンスクリット語もぜひ勉強するように、という不思議なアドヴァイスを少年ソシュールに与えました。

この論文のタイトルにあるギリシャ語とは現代ギリシャ語ではなく、その起源である古代ギリシャ語です。またラテン語とは、もともとイタリアのローマで話されていた言葉ですが、軍事力に秀でたこの都市国家がほぼヨーロッパ全体を支配下に置くことになったので、その共通語になりました。これが、やがて方言に分かれたのが、現在のフランス語、イタリア語、スペイン語、ルーマニア語などです。ギリシャ語とラテン語には、紀元前千数百年にまで遡る文献が豊富に現代に伝えられており、ヨーロッパの中学校や高等学校では、教養人の嗜みとして、これら古典語の教育が重視されていました。

ところで、ソシュールの論文のタイトルにある「語根」とは各語から変化語尾などを除いた語彙的

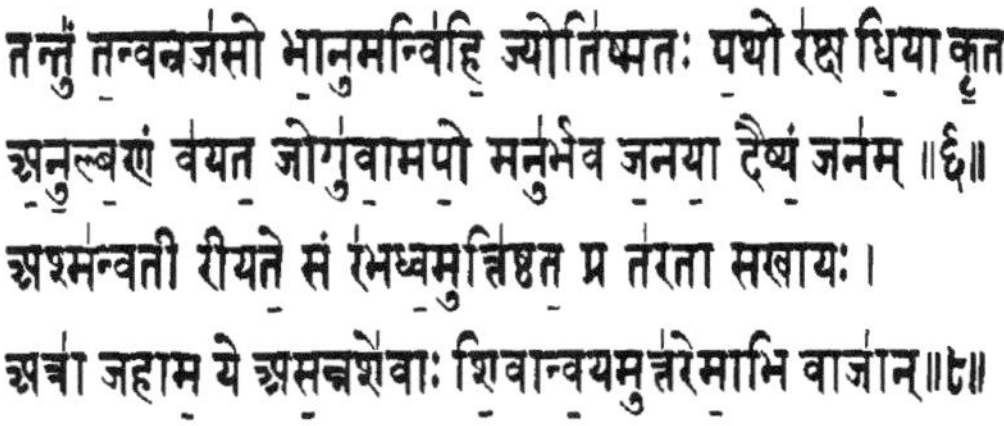

तन्तुं तन्वन्रजसो भानुमन्विहि ज्योतिष्मतः पथो रक्ष धिया कृतान् ।
अनुल्बणं वयत जोगुवामपो मनुर्भव जनया दैव्यं जनम् ॥६॥
अश्मन्वती रीयते सं रभध्वमुत्तिष्ठत प्र तरता सखायः ।
अत्रा जहाम ये असन्नशेवाः शिवान्वयमुत्तरेमाभि वाजान् ॥८॥

図3　(Ch. R. Lanman (1978), *A Sanskrit Reader*, Harvard University Press, p. 89)

意味を担う部分のことですが、それぞれ異なる三言語がなぜ「少数の語根に還元」できるのでしょうか。またピクテはなぜインドの昔の言葉も勉強するように、とソシュールにアドヴァイスしたのでしょうか。

話は、少年ソシュールの論文からさらに百年ほど遡ることになります。当時イギリスが植民地にしていたインドに、オックスフォード大学出身のウイリアム・ジョーンズ（一七四六―一七九四）という人物が裁判官として赴任していました。語学の達人で、学生時代からギリシャ語やラテン語の文献に親しんでいました。その彼が、紀元前の神話や経典の言語であるインドのサンスクリット語に興味を持ったのは当然の成り行きだったのかもしれません。

英語やローマ字などを通じて私たちが慣れ親しんでいるアルファベットは、ヨーロッパ系の言語のための文字にすぎませんので、インドのサンスクリット語の古文書は、当然アルファベットとは全く異なる図3のようなデーヴァナーガリーとよばれる文字で書かれています。

しかし、このサンスクリット語の文献を調べてみた彼は、驚くべきことに気づきます。自分が学生時代に夢中になって勉強していたギリシャ語とラテン語にそっくりだったのです。そもそも、ギリシャ語とラテン語も似ていて、どちらか一方が他方から枝分かれしたのではないか、ということは確かにいわれていました。同じヨーロッパ系の言語ですので、そういうことがあったとしても、不思議なことではありません。しかし、ジョーンズが赴任した一八世紀においてもインドは船で数ヶ月もかかるような遠いアジアです。そのインドの紀元前千数百年の言葉が単語の面でも、文法においてもこのヨーロッパの両言語にそっくりだったのです。

ジョーンズは、一七八六年のアジア協会設立三周年記念講演で、「ギリシャ語、ラテン語、サンスクリット語の類似は偶然のものではない。これら三言語は、ある共通の源から分化したものに違いない。」とついに断言します。

この共通語の時代に文字があり、それが当時まで伝えられていたなら、ジョーンズの指摘の是非について、直接に確かめることができたでしょう。しかし、紀元前五千年とも一万年とも推定されている印欧語の時代にはまだ文字はありませんでした。

しかし、このジョーンズの指摘が契機になって、それら各言語の関係性を考え、源たる共通語の復元をめざす比較文法という学問が生まれました。また、その元の言葉はインドとヨーロッパを結びつけて、印欧語（インド＝ヨーロッパ語）と名づけられました。結果的にジョーンズの指摘は正しく、その後の研究で、主だったヨーロッパ諸語とインド語との関係は、図４のようなものであることがわかってきました。

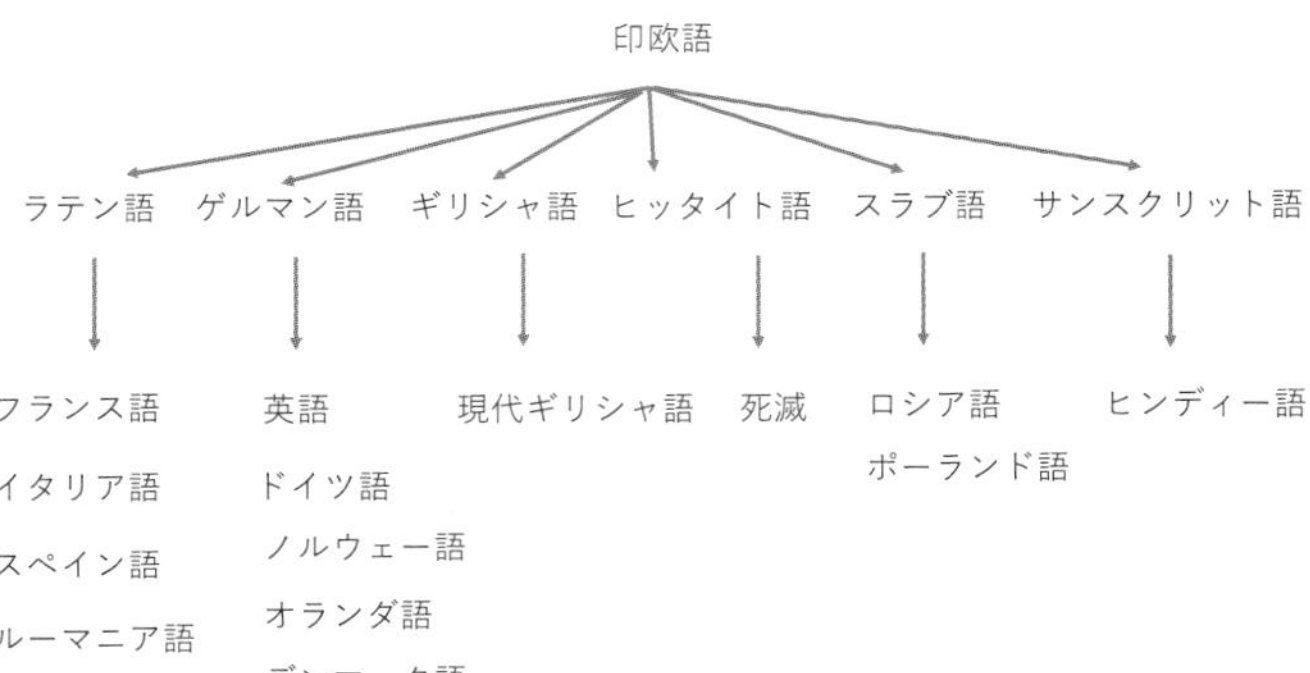

図4

ところで私たちは、言葉における発音の変化は単語毎に散発的で、そこに規則などあるはずない、と素朴につい思ってしまいますが、比較文法によってわかったことは、音の変化は非常に規則的だということです。したがって、例えば印欧語からラテン語にかけて「bhはfになる。」、「ghはhあるいはgになる。」のような法則を多数抽出することができます。こうした音の変化はその語を話す人々が置かれた文化や自然環境からは全く影響を受けない純粋な言語内での機械的な現象ですので、その研究はあたかもある物質の組成を顕微鏡で観察するような、あるいは望遠鏡である惑星の動きを追跡するような手法になります。言葉の研究は物理学や数学のように理系的である、数理的ですらある、と第一章で述べたのはこの理由からです。

まだ一八歳のソシュール少年はこの比較文法の勉強がしたくて、ジュネーヴ大学を中退して、ドイツのライプチヒに留学します。大学に到着早々、ハインリッヒ・ヒュプッシュマンという若い先生から、「君は比較文法を勉強したいということとだが、カール・ブルークマンのあの論文を読んだかね。」と聞かれました。それはやはり音の変化に関わる内容で、「印欧語のｎの一部が、ギリシャ語でａになった。」というものでした。当時の常識は、子音と母音は全く別物で、子音が母音になどなるはずがない、というものでしたので、ライプチヒ大学を中心に大騒ぎになっていたのです。

ブルークマンは、比較文法界の大御所であるゲオルク・クルチウスがたまたま海外出張でライプチヒを不在にする年に、代行で学会誌の編集を任されました。そのタイミングで、彼は自分の論文を掲載しました。これが意図的なものだったかどうかは、不明です。また発表する前のブルークマンに、創造説を怖れたダーウィンのように、ためらいの期間があったかどうかも、今ではわかりません。

印欧語における鼻音ソナントの発見とされるこの論文は、比較文法のその後の発展に大きく貢献することになりましたが、ひとつ明らかなことは、旅行によるクルチウスの不在期間がなければ、大先生クルチウスによってナンセンスであるとされ、学会誌に掲載されず、比較文法の進歩が大幅に遅れただろう、ということです。

ところでソシュールですが、ヒュプッシュマン先生からこの話しを聞いて、大変に驚きます。なぜなら、中学校でギリシャ語の授業を受けていた時に、動詞の語尾でａになっているある部分を昔の発音はｎであったと仮定すると、語尾変化表がうまく整理できることに気づいていたからです。しかし、子供の自分が思いつくくらいだから、学界ではすでに定説になっているのだろう、と彼は勝手に思い込んでいたのです。

その数年後、まだ二十一歳で彼は『印欧諸語母音の原初的体系論』という本を出版します。この本の中心的主張は、ギリシャ語、ラテン語、サンスクリット語など印欧系の諸言語に見られる長母音は初めからそうだったのではなく、印欧語の時代には「短母音 e ＋ ある未知の子音」だったものが融合して結果的に長母音になった、というものでした。確かに、そのように考えると、各言語の語尾変化など、いろいろなところがうまく説明できるのです。ところが印欧語起源のどの言語の古文書にも長母音があるだけで、この「短母音 e ＋ 子音」という組み合わせは見いだされませんでした。したがって、若いソシュールの発見は当時の学界に認められることはなかったのです。

その後ソシュールはジュネーヴ大学の教授になり、比較文法が扱ってきたような言葉の音の変化を時間軸に沿ってたどる方法論とはまた別の、特定の言語の一時代の状態を扱うアプローチが必要ではないか、と考えるようになりました。この発想の下に、当時としてはきわめて独創的な授業を行うことになります。その内容は、彼の死後、弟子たちによって『一般言語学講義』という本になり、やがて二十世紀言語学のバイブルとまでよばれることになります。

ソシュールは高等学校の倫理社会の教科書でも扱われるほどですので、有名な言語学者としてその名前を知っている人は多いはずです。しかし、そのソシュールは、比較文法の研究者としてのソシュールではなく、この『一般言語学講義』のソシュールです。第一章で少し触れましたが、構造主義の研究者たちにインスピレーションを与えたのも、この後者のソシュールでした。

カルケミシュ出土のヒッタイト文字刻文

図5　(高津春繁、関根正雄 (1964)『古代文字の解読』岩波書店、p. 152)

ところで、ソシュールが比較文法を批判し、この研究から距離を取り始めた頃の一九〇六年に、トルコの首都のアンカラに近いボガズケイで楔形文字(例：図5)で書かれた大量の粘土板が発掘されました。

その後、チェコの学者ベドジフ・フロズニーがこの文字を解読し、一九一七年に印欧語起源のものであることを証明しました。紀元前千数百年の時代に小アジアにヒッタイト王国なるものが存在し、印欧語系のヒッタイト語を話していたことが明らかになりました。これが、ソシュールの没後四年目に起こった出来事です。

しかし、さらに驚くべきことがありました。このヒッタイト語の文献中にソシュールがその存在を主張していた子音が確認されたのです。つまり、印欧系の諸言語とヒッタイト語で同じ意味の語を比較してみると、他の言語では長母音になっているところが、ヒッタイト語では「短母音＋子音」という構成になっていたのです。その後、この子音はｈに近い音ではないかとも推測されるようになりました。

いずれにせよ、この発見から喉頭音理論という新たな研究分野が生まれ、比較文法はその後に大きく発展していくこととなりました。

今日、比較文法の研究文献では、喉頭音の第一発見者として必ずソシュールの名前に言及がなされます。しかし先に述べたように、晩年の彼自身は比較文法の研究から離れてしまいました。存命中に、ヒッタイト語の発見に興味をもっていた様子も見られません。そして、一九一三年、つまりフロズニーによるヒッタイト語解読の四年前、喉頭音の発見に間に合わないで急逝してしまったのです。

ソシュールは回想録をのこしています。その中で、すでに中学生の時にその存在に気づいた鼻音ソナントについて、自著の『印欧諸語母音の原初的体系論』でブルークマンをその第一発見者として書かざるをえなかった悔しさについて、正直に告白しています。現代ではもちろんのこと、いつの時代でも同じですが、ただ発見しただけではダメで、それを論文などの何らかの形で発表しておかなければ、発見者とは認められないのです。

しかし、鼻音ソナントはソシュールやブルークマンが発見しなくても、いずれ誰かが発見することとなったでしょう。子音と母音は全く別範疇という固定観念さえ排すれば、自ずから明らかになってくるような現象ともいえます。他方、当時知られていたどの文献にも見当たらない音について、その存在を主張し、本にまですることは相当な覚悟が必要なことです。

まだ学生であった二十一歳の息子の出版に当たっては、裕福で学者でもあった父親の全面的支援があったことがわかっています。彼は知人に頼んで、ジュネーブの新聞に書評を掲載してもらうようなことまでしています。ソシュールは、何不自由のない貴族の家系に生まれた怖いもの知らずの若者でした。それだからこそ、大胆な喉頭音の仮説を発表できたのかもしれません。

今日、ソシュールの比較文法研究への寄与を考えた場合、この喉頭音の発見は鼻音ソナントの発見に比べれば計り知れないほど大きなものです。しかし、先述したように、この彼の青年時代の仮説は悲劇的な運命をたどりました。ソシュールが比較文法に距離をとり、後に『一般言語学講義』として結実する新たなアプローチの方に向かっていったのは、若き日の発見が認められなかったという失意も、その原因の一つだったかもしれません。

ところで、その『一般言語学講義』は構造主義という大きな思潮を生み出すことになりました。ソシュールとしては自分の思うところを虚心に、数人あるいは多い年でも十数人の学生相手に教室で話していただけです。その内容について、このままにしておくには惜しいと思った彼の教え子が、学生のノート数人分を集めて編集して、ソシュールの死後三年目に刊行したのがこの本です。ソシュール自身は、自らの講義を一書として纏めることすら考えていませんでした。その本が二十世紀言語学のバイブルと呼ばれるようになり、さらには五十年後に人文社会科学全体を巻き込んだ構造主義の運動を巻き起こす運命にあったなどとは、彼にとっては全く想定外のことだったに違いありません。

ソシュールの運命は、結局どういうものだったのでしょうか。中学生の時の発見の名誉は、他人に譲らざるをえませんでした。最も評価に値する大発見は、生前は学界に認められませんでした。確かにソシュールは、かわいそうです。しかし、死後に彼の喉頭音の仮説は実証されました。さらには、対外的評価などほぼ全く期待していなかった、さらにいうと当時の定説を全く無視した自己満足的な授業の内容が、思想界に大革命を引き起こすような結果になっていきました。彼が本当にかわいそうなのかどうか、よくわからなくなってきます。

五．Young Discoverers

発見のモノがたりについて、生物学者ダーウィン、宇宙物理学者アインシュタイン、言語学者ソシュールを中心に扱ってきました。研究者にかぎらず歴史上の各界のいわゆるビッグネームは、私たちにとってどうしても抽象的存在になってしまいます。人間的感情や個人的生活などが捨象された一種の記号になってしまうのです。名前とその功績だけがセットになって、それだけが残っていくためでしょう。しかし彼らもまた、喜びあるいは悩む人間、失意に打ちひしがれる人間、一時的に有頂天になるが、後で後悔にさいなまれたりもする、いわば普通の人間です。

また、彼らをその生きていた時代の文脈に再び置いてみて、その人生をたどってみると、発見や発表に至った道程は必ずしも順調なものではなく、その発見すら後に否定されたり、結局その必要はなかったのに早まって自ら撤回してしまったり、自らの発見が確認され正当に評価される前に命が絶えてしまったり、かと思うと、望んでもいなかった高みに死後に祭り上げられたり、様々なダイナミックなドラマが浮かび上がってきます。

ソシュールの著書『一般言語学講義』が契機になって、秩序を欠いた混沌にしか見えない文化的・社会的事象の基底に厳密な規則を発見しようとする構造主義という考え方が一九六〇年代にフランスに生まれたことは第一章で若干述べました。実はここにもまた、研究の世界を切望しながら、様々な理由で当時のアカデミズムから排除されざるをえなかった若者たちの悲哀と栄光が絡み合ったドラマが隠されています。

たとえばその主役の一人で、『表象の帝国』という日本論の著者でもあるロラン・バルトは、若くして父を失って家が裕福ではなく、また学齢の時期に結核で療養を余儀なくされ、大学で学位を取得する機会を逸してしまいました。結果的にフランスの大学にポストをえることができず、ルーマニアで大学図書館司書などを経験した後、エジプトに新設されたアレキサンドリア大学にやっと職をえたのですが、たまたまここに、やはり訳ありでフランスの大学にポストをえられなかった言語学者のジュリアン・グレマスがいました。バルトは、彼との勉強会で初めてソシュールの言語観を知ることとなります。

また、構造人類学で有名なクロード・レヴィ＝ストロースはナチス・ドイツによるフランス占領時に、ユダヤ人であったためにマルセイユ港から命からがらアメリカに逃れざるをえませんでした。しかし、第二次世界大戦の戦禍を逃れてニューヨークに集まっていた様々な研究者たちの勉強会、自称ニューヨーク自由大学で、彼は言語学者ローマン・ヤコブソンを通じてソシュールの『一般言語学講義』を知り、衝撃を受けます。後に、「私は素朴な構造主義者であった。それと知らないままに、自分の研究で構造主義を実践していたのだ。」と回想することになります。

このように、構造主義についても一九六〇―一九七〇年代当時の文脈に置き直してみると、研究者とその発見のドラマをいくつも掘り起こすことができるのです。その中でも特に、彼らの『一般言語学講義』との遭遇、アカデミズムから排除された若者たちによる次代のアカデミズムの創造、という二つの大きなモノがたりが読み込めるように思えます。これは、別の機会に私がぜひ扱ってみたいテーマです。

本稿のこの最後の部分を書いている最中に、私は十五年ほど前に読んだ意味論研究者・国広哲弥氏のある論文を思い出しました。その中で、国広氏は英語のdiscovererについてほとんどの英和辞典は「発見者」という訳語しかあてていないが、実は「これから発見をしようと志す人」という意味もある、という貴重な指摘とともに、次のような具体例をあげておられます。

Young discoverers need not despair – though there are few blanks left on today's map of the world, there are still unexplored realms to be charted in the depths of the oceans, the most remote recesses of the rain forests and the furtherest reaches to outer space. (*Time*, Jan. 1998)

（これから発見を目指す若い人達は絶望する必要はない。今日の世界地図では未発見の場所はほとんど残されていないけれど，深海部、降雨林の奥、宇宙の果てにはいまだに未開拓で地図に示されていない領域が残されている。）（国広哲弥「アスペクト認知と語義」『副詞的表現をめぐって』ひつじ書房、p. 43、一部レイアウト変更）

発見のモノがたりから、何らかの功利的な教訓や人生上の指針を引き出すことはできないでしょう。なぜなら繰り返して述べてきたように、研究者の人生は、努力が正当に報われず、運命に理不尽に弄ばれる人生だからです。その意味では、かわいそうなのはソシュールだけではありません。進化論を発表するまで、二十年も悩まざるをえなかったダーウィン、その後の現代宇宙論では定説となった「宇宙定数」について、自ら「生涯最大の後悔」と言ってしまったアインシュタイン、やがて構造主義の方法論を生み出す、恵まれない個人的また政治・経済的事情の中でも研究への情熱に燃えていた若い研究者たち、みんながかわいそうな存在なのかもしれません。

しかし、将来の結果や周囲からの評価を意に介さずに、あるいはその重圧に打ち勝って、自らの関心だけに駆り立てられて一途に発見に向かっていったYoung discovererたちの群像は、私たちに心の底から励ましと爽やかなエネルギーを与えてくれるように思われます。

【参考文献】

阿部宏（二〇一五）『言葉に心の声を聞く―印欧語・ソシュール・主観性―』東北大学出版会
加賀野井秀一（二〇〇四）『知の教科書　ソシュール』講談社選書メチエ
風間喜代三（一九七八）『言語学の誕生―比較言語学小史―』岩波新書
岡崎勝世（一九九六）『聖書 vs. 世界史』講談社現代新書
岡崎勝世（二〇一三）『科学 vs. キリスト教』講談社現代新書
『現代思想・アインシュタイン』二〇一九年八月号
佐藤勝彦（二〇一四）『相対性理論』ＮＨＫ出版
更科功（二〇一六）『宇宙からいかにヒトは生まれたか』
更科功（二〇一九）『進化論はいかに進化したか』新潮選書
ダーウィン（二〇〇九）『種の起源』（上・下）渡辺政隆訳、光文社古典新訳文庫
竹内道子編（二〇〇五）『副詞的表現をめぐって』ひつじ書房
松原隆彦（二〇一八）『私たちは時空を超えられるか』ＳＢクリエイティヴ株式会社
松永俊男（二〇一五）『チャールズ・ダーウィンの生涯』朝日新聞出版

日本美術の「真物（ホンモノ）」「偽物（ニセモノ）」
―研究に立ちふさがる巨大な「壁」のモノがたり―

杉本欣久

3

日本美術の「真物（ホンモノ）」「偽物（ニセモノ）」
—研究に立ちふさがる巨大な「壁」のモノがたり—

杉本欣久

はじめに—「美術史」という学問と美術作品の「鑑定」

「美術史」とは、いったい何を明らかにする学問なのでしょうか？

耽美（たんび）的に、ディレッタント然として美術作品を評論しているかのような印象があるかもしれませんが、思われている以上に硬派な学問だと私は考えています。容易には解読しがたい文字資料だけでなく、作品から直接的にアプローチできることもあり、確かに一見しただけではハードルは低そうに見えます。ただ、「史」の一字が付されているのに着目すれば、「歴史学」の一分野だとお気づきいただけるでしょう。つまり「美術史」が明らかにすべき本丸とは、作品を生み出した「背景」に存在する時代や作者の「精神」であり、それがどのような「価値観」に基づいて成立しているのかを歴史的に位置付けることです。持ちうるかぎりの技術を集約し、時間を費やして作品を生成するためには、それに見合うだけの意義（必要性）というものが、制作者、依頼者双方に存在しなければなりません。その成立根拠を支えるのは「宗教」や「思想」であり、詩文をはじめとした「文学」、ときには物理に裏づけられた「科学」である場合も少なくないのです。いわば美術作品とは歴史的に醸成された文化の「うわずみ」であり、それを支える「宗教」「思想」「哲学」「文学」「科学」などという諸々の素養が研究において必要となります。たとえば、平安四大絵巻のひとつに数えられる「源氏物語絵巻」は、平安中期の紫式部による『源氏物語』の場面を抽出し、絵画化したものであることはご存知でしょう。とすれば、まずは『源氏物語』を通読して内容を理解し、底流に存在する「もののあはれ」といった観念や、それを支える宗教観を把握したうえで、なぜその場面が絵画化されたのか、その表現はどのような意図に基づくのかを論じなければならない、というわけです。

それでは「美術史」が研究対象とする作品とは、具体的にどのようなものを指すのでしょうか？

東洋、西洋ともに絵画、彫刻、工芸を主な対象としますが、扱うべき作品のレベルは、基本的に「名品」と位置付けられるものでなければならない、と考えます。ただし、私たちの間ではしばしば「名品主義」という語が批判的に用いられます。それは主として国がお墨付きを与えた「国宝」や「重要文化財」など、すでに定評のある作品のみを尊ぶ態度を指しますが、ここで言う「名品」が必ずしもそれに合致するとは限りません。研究の立場から純粋にみた場合、本当にその名に値するのか、検討の余地がある作品も実際に含まれているからです。一方で、全国各地のホールや社寺の境内で骨董市というものが開催されています。そこに並んでいるものはただの骨董に過ぎず、「名品」でないとバカにできるでしょうか。平安末期から鎌倉時代にかけて制作された「病草紙（やまいのそうし）」という絵巻物は、いまでは「名品」として知られていますが、実は江戸後期の大館高門（おおだちたかかど）という国学者が、京都の東寺における露店市で見出したものだったのです。同様に、たまたま足を運んだ骨董市で入手した作品が、数十年後、数百年後には高く評価される可能性も皆無とは言えません。それは今の私たちがその作品に存在する「価値」というものを忘れている、あるいは見えていない、ゆえに正しく評価できていないということもあるからです。私が言う「名品」とは、すでに権威づけられたものを指すのではなく、「それぞれの時代や作者の精神を強く反映している」ゆえに「歴史的観点から高い価値を有する」と評価でき、かつそれ相応の「高い技術力と表現力を認めることができる」作品との意味です。技術が高く出来栄えが優れた作品であるほど、それを生み出した時代や作者の「精神」もしくは「価値観」が強く反映していると見ることができます。その作品に内在する素性を語り尽すことができたなら、その一点のみで時代や作者の「精神」もしくは「価値観」を十分に説明できる、それゆえに「名品」、というわけです。

とすれば、「美術史」の研究において前提とすべき作品は、時代や作者を語るにふさわしい「真物（ホンモノ）」であることが、何よりの条件でなければなりません。「偽物（ニセモノ）」はあくまでも「似せもの」でしかなく、「偽」を前提としてスタートした研究は、たとえどんな体裁の良い結論が導き出されたとしても、その内容自体を「真」と認めるわけにはいかないからです。

以上のことから、扱うべき作品の「巧拙」や「優劣」さらには「真偽」に関する判別は、「美術史」の研究にあっては根幹をなす最重要の課題であると、まずはご理解いただけるでしょう。けれども多くの方々の予想に反し、その方法論としての「鑑定学」と呼べるものが学界において確立しておらず、いまだ研究者個々の良心や誠意に委ねられているというのが実情です。そのため、判別の必要性をまったく感じておらず、書籍や展覧会図録に掲載された作品に対して無批判な研究者も少なくありません。私が専門とする江戸時代の絵画史研究では、少なからず閉塞感が蔓延していると感じられるのですが、その原因のひとつは「真偽」の問題に真正面から向き合わず、「臭いものにフタ」と決め込んで歩み続ける状況にあるとみています。当然ながら、文字資料と絵画資料の間に齟齬（そご）が生じ、ひとりの画家の作品間においても「巧拙」や「優劣」に矛盾が生じてしまうわけですが、それに目をつぶってしまえば、いわば「何でもあり」の状況となり、対象とする時代や作者の「精神」や「価値観」はもはや分裂状態に陥ってしまう、というわけです。

このような風潮を改めていくためには、まずは一般的に受け取られている次のような「鑑定」観を正していかねばなりません。

① 分野や作者ごとに鑑定の「権威」が存在し、「○」か「×」かの判断を下す。

② 正しい鑑定とは「基準」となる作品と比較することであり、似ていれば「○」、似ていなければ「×」と判断できる。

③ 「ここをみるべし」という鑑定の「ポイント」があり、そのうち最も重要であるのは「落款（らっかん）（サインと印）」である。

手元にある国語辞典『大辞林』（第三版　三省堂）によれば、「鑑定」とは「科学的な分析や専門的な知識によって判断・評価すること」と記されており、「科学的」という文言が入っていることに注意を要します。そもそも「鑑」という漢字自体、水の張られた皿を上から人が覗き込む象形の「監」に「金」偏が付いたものであり、「照らし合わせる」という「比較」の意味が込められています。そこで本来の意味に立ち戻り、果たして上に列挙した「鑑定」が「科学的」と認められるのか、また「真理」に近づくうえでの正しい方法と言えるのか、少し冷静に検討してみたいと思います。

①の「権威」というのは、もちろんそれまでの実績に裏付けられた評価ではあります。ただ、一人もしくは数人を「権威」と位置づけて判断を委ね、その結果をそのまま受け入れるというのは、誤りをただす機会が閉ざされている、という意味からして非科学的です。また、「○」か「×」かという判断でなく、むしろそこに至った思考の経緯が重要であり、それが提示されなければ第三者による検証が不可能となり、やはり誤りをただす機会が失われてしまいます。しばしば新聞やテレビを中心としたマスコミ報道において、「新たに○○の作品が発見された」とか、「□□氏によって本物と確認された」などというニュースを耳目いたしますが、あくまでもそれは「News」に過ぎず、多くは第三者による内容の検証が行われていないため、それが真実かどうかは別次元の話です。

②は、おそらく研究者の間でも当たり前のように通用している方法でしょう。ある書籍に掲載される有名作品と「ソックリ」、だからこちらも良いとする判断です。けれども「ソックリ」は程度問題であり、細部を詳細に見ていけば全く違うといえる場合も少なくありません。美術作品に関して

は「ソックリ」の部分に着目して取り上げた方が都合の良い場合が多く、違いには目をつぶりがちとなってしまいます。けれども、逆にその違う部分にこそ本質が反映されるものであり、研究においては「ソックリ」と見えるほど、むしろ違いに注目しなければならないのです。

また、その「基準」としたものが本当に「基準」たり得るのか、という問題は非常に重要です。そもそも「基準」とみなされているものが、先にみたように「権威」によって保証されたに過ぎず、それ以降はあたかも信仰のように無批判に継承されているとするなら、「真理」の追究に関してこれほど危ういことはありません。万が一、その「基準」に誤りがあるとわかれば、その上に積み重ねられた言説は瞬時に崩れ去ってしまうからです。たとえ「基準」として認められている作品であっても、批判的に検証し続けることこそが重要であり、そこに誤りが生じる危うさを常に想定しておかなければなりません。

③は「ここさえ見ればホンモノとニセモノが区別できる」という「ポイント」が存在し、とりわけ「落款（サインと印）」を最重要とみる方法です。つまり、ある画家の特徴とされる「ポイント」をたくさん覚え、「真」の「落款」さえ把握しておけば、確度の高い判断ができるとの見立てです。ただし、注意すべきは「落款」が最重要の「ポイント」であることは、誰しもが知っている公然の事実であり、逆にそこを考慮しない「偽物」づくりはかなり程度が低い、ということです。のちに触れるように「偽物」づくりには落款の専門職が存在し、彼らからすれば多くの人が「ソックリ」と見える印を作ることなどたわいもなかったでしょう。一方、表現上の特徴を似せるということに関しては、有名

人のモノマネを思い浮かべれば容易に想像がつくはずです。特徴的な表情や身ぶり、言葉の言いまわしなどを強調、またはデフォルメすることで、見る側はよく似ていると思い込まされます。「偽物」づくりもこれと同じで、この画家にはこのような特徴があると一般的に認識されている部分を、特に強調してあらわしてくるのです。

このように「美術史」における「偽物」の存在は、研究を健全に行っていくうえで非常に大きな「壁」として立ち塞がっています。この「壁」に風穴を空けるため、科学的思考に基づいた「鑑定学」というものの構築こそが喫緊の課題だと私は考えています。そこで、以下では「偽物」づくりの実態を文字資料および実作品で示し、それを判別するための方法論について探っていきたいと思います。

一・資料からわかる「偽物」の実態――江戸時代

現在でもブランド品の「偽物」が横行している事実は誰もが耳にし、どのあたりで製造されているかも、およその察しがつくでしょう。けれども、その「偽物」はいったいどのような特徴を備え、何を手がかりとして見破ることができるか、それをつぶさに語れる人は少ないはずです。つまり、実際に「真物」と「偽物」を手にとって比較し、ここがこのように違うと経験した人はほとんどいない、ということです。

それでは過去の美術作品に関してはどうでしょうか。おそらく「偽物」はたくさん存在するものの、

図1　「朝岡興禎像」江戸後期

現代のブランド品以上に実態は不明、誰がどこでどのように制作していたのかさえ具体的なイメージを思い描くのは困難でしょう。そこで私が専門とする江戸時代の絵画を例に言及していきますが、まずはどのような「偽物」づくりが過去に横行していたのか、江戸から明治にかけての文字資料を掘り起こし、その様相の一端を垣間みることにいたしましょう。

幕府御用絵師・木挽町狩野家に生まれた朝岡興禎（一八〇〇～五六）は、日本の美術史研究で重要視される『古画備考』という書物を編纂しました【図1】。画家の伝記資料を多く集めた画人伝であり、そのうち「巻三十八・狩野譜」に次のような記述を認めることができます[1]。

> 狩野晴川法眼、伊川院殿喪中、諸方より密に画の鑑定を乞ける。其後出勤より、弥前代の如く日々に掛物持来りて其鑑識を求む。然るに先代極ざりし絵の、当代に極まる事もあり。これは何れの道にも有べき事なり。当正月十一日、高塚氏へ参り候所、あるじの云く、去冬御めにかけ候三幅対「一瞬斎祐也」と名書しを外へ遣し候所、先方にて中の布袋に有し名を除て「尚信筆」と書入、其印を捺し、左右も其通りに致、「守景筆」と書、二幅対に致候所、いづれも

正筆にきまり、枯木に烏の図、養川の名をとりて常信と致候所、是も極り、上勝買候由、その外守景には殊に夥しく有之。

幕府御用絵師・木挽町狩野家九代の狩野晴川院養信（一七九六〜一八四六）は、父の伊川院栄信（一七七五〜一八二八）が亡くなったあと、家業を受け継いで各方面から持ち込まれる絵画の鑑定を行っていた。ただ、それは父の栄信が判断しかねて棚上げしていた作品を、誰々の作と「極める」ことが多かった、と指摘しています。興禎はこれに続け、高塚氏から聞いた話として以下のように綴っています。

「一瞬斎祐也」という落款のある三幅対を他所へ遣ったところ、先方において中幅の〈布袋図〉にあった落款を取り除いて「尚信筆」、左右の山水幅を「守景筆」と書き改めた。さらに狩野養川院惟信による〈枯木に烏図〉も「常信」と改め、この両者を晴川院養信のもとに持ち込んだところ、いずれも真筆と極められ、非常に高値となった。

ここで示されるのは「改変」という手口です。はじめから「偽物」を作るのではなく、「真物」に手を加え、別の作者に改めるという二次的な偽作です。無名の画家であった「一瞬斎祐也」の落款が消され【図2】、狩野派中興の

図2　一瞬斎祐也　落款
（『古画備考』所載）

図3　久隅守景「納涼図屛風」
江戸前期　東京国立博物館

図4　狩野養川院惟信「山市晴嵐・平砂落雁図」
江戸中期

祖・狩野探幽の弟で木挽町狩野家の初代として知られる狩野尚信（一六〇七～五〇）と、探幽四天王のひとりとされる久隅守景（生没年不詳）の作品に改められたといいます。尚信と守景は現在でもその名がよく知られ【図3】、やはり真筆が少ないために骨董市場において非常に尊ばれる画家です。同様の「改変」を経た守景作品は、当時にあっては夥しく存在したとも伝えています。

一方の狩野養川院惟信（一七五三～一八〇八）とは木挽町狩野家の七代で、晴川院養信からすれば祖父にあたる人物です【図4】。その筆になった「枯木に烏図」が、木挽町狩野家二代を継いだ常信（一六三六～一七一三）の落款に改められます。七代・惟信と二代・常信の間には少なくとも五〇年の時代差があったにもかかわらず、後継者の九代であった養信は見破ることができなかった、というわけです。このような落款を書き改める「改変」に関し、続く一文で以下のように触れています。

其者のあしきより、御極め被成候があしきと申候。下地の名印をぬきたる上へは不書、別の所へ書申、ぬきたる所も上手につくろひ、見え不申（もうさず）。或は名印の有所をたてに立切り候もの多くあり。
下地より紙の幅せばく成、細きものに油断なり不申候（もうさずそうろう）。

署された款記や捺（お）された印を消そうと思っても、何かしらその痕跡は残ってしまいます。また、画の作者を知ろうと思えば、必ず落款部分には目をやるでしょう。そこに何かしら汚れや違和感があれば、「もしかして偽作した場合には、その部分とは別の、何もないところに新たな落款を書き加え、落款を消して書き改められているのでは」と気づかれてしまう可能性もあります。そのため、落款は画面の端に加えるのが原則であることから、その部分自体を断ち落とし、残った余白に書き入れる手口が存在するため、通常よりも幅が細い掛け軸には注意が必要だ、ともしています。

ここで高塚氏は「書き改める者も悪いが、それを鑑定して真筆と極める方がより悪い」と語っています。この言葉を書き留めた興禎は幕府小納戸役（こなんどやく）・朝岡家の養子となった人物であり、実は狩野伊川院栄信の次男にあたります。つまり、ここで鑑定の甘さが槍玉にあげられる晴川院養信とは興禎の実兄であり、いわば身内の失態をかなり詳しく書き残したというわけです。

金銭目的で悪事に手を染める人間は、残念ながらいつの世にも存在します。けれども専門家というものは、人間社会で起こりうるあらゆる可能性を想定したうえで、責任を持ってそれに対処しなければならない。興禎が伝えた兄の失態は、私たちのような「美術史」の研究者にとっても教訓とす

**図5　池大雅「釣便図」（「十便図帖」のうち）
江戸中期　川端康成記念会**

べき内容となっているのです。

では、このような「真物」に手を加えて「偽物」に仕立てる手口ではなく、はじめから「偽物」を意図した制作とは、いったいどのような実態を有したのでしょうか。江戸中期に京都で活躍した画家・池大雅（一七二三〜一七七六）の例を見ていきましょう【図5】。

大雅の「偽物」が同時代に横行していたことは、諸資料から明らかです。豊後岡藩の武士で文人画家として知られる田能村竹田（一七七七〜一八三五）は、大雅に私淑してその作品を非常に尊んでいました。けれども、あまりに「真物」の少ない実情について、天保四年（一八三三）に著した『竹田荘師友画録』で次のように嘆いています[2]。

近日、池翁の真跡、海内に流行し贋造偽作紛々として錯出し、其の真跡に至りては千に一二無し。

大雅が亡くなって六〇年余りを経た十九世紀前半には、その作品がたいへん持て囃され、「贋造」「偽作」が横行した結果、真筆は千点に一二もないほどだったといいます。少しオーバーとも受け取れますが、もはや大雅の真筆など、そう簡単にお目にかかれないとの認識は、昌平坂学問所の教授であった鈴木桃野（一八〇〇～五二）の随筆『反古のうらがき』からも窺えます(3)。

> 此人の画、東都にあるはことごとくいつはりなるよしは、みな人のしる事なれども、其門人どもが工みに似せたるは、いかにしてもしるよしなしとぞ。京摂の間は其もてはやしも又甚しく、其門人といへども、あざむかれて偽物を賞翫するもあり。

江戸市中に存在する大雅作品がことごとく「偽物」であるのは、誰しもが知っている事実である。その門人が巧みに作った作品に至っては判別する手立てがない。京都や大坂での持て囃しかたも尋常でなく、大雅の門人たちでさえ巧みな「偽物」に欺かれている、という当時の状況を伝えています。さらにこれに続き、門人二～三〇人が師の作品を持参して追善供養展観会を行った際、声を掛けなかった「偽物」づくりの門人が飄然とあらわれ、ここに並んでいる三点は実は自分が描いた作品だと告白する事実があったと綴っています。これが本当の話であったかは定かではありませんが、大雅の門人が「偽物」づくりに手を染めていたことは、京都で活躍した岸駒の門人・白井華陽による『画乗要略』（天保二年・一八三一）にも示されています(4)。

> 嘗て一門生、贋画を為すもの有り。大雅怒てこれを逐う。門生嘯風亭某を介して罪を謝す。大

雅の曰く、貧は天のみ。恥を知らざるは人にあらずと。遂に赦さず。　（巻三・大雅）

その事実を知った大雅は、「貧窮というのは天の巡り合わせもあるので仕方ないが、それを理由に恥を忘れてしまうのはもはや人ではない」として、その門人を破門したと記しています。さらに同書には別に市川君圭（一七三六～一八〇三）という画家の名を挙げ、

梅泉曰く、君圭の名、一時に著る。後、大雅蕪村及び若冲が画の贋跡を作りて以て其の名を失う。時人猶お其の画を唾す。学者須く君圭を以て戒めとなすべし、と。　（巻三・君圭）

と「偽物」づくりの事実を指摘しています。近江の出身で、京都で名の知られた君圭が大雅の門人かどうかは定かでありません【図6】。けれども、大雅だけにとどまらず、当時に著名であった与謝蕪村や伊藤若冲の「贋跡」を作っていたといい、それが発覚したことで名声を失い、三〇年ほどを経てもなお、君圭自身の作品は唾棄されていたと伝えています。

図6　市川君圭「鍾馗図」
江戸中期

　このように江戸時代の資料で語られているのは、技術や画風を受け継いだ門人

あるいは当時に知られた画家が「偽物」づくりに手を染め、その完成度の高さゆえに判別するのが困難であったとする内容です。残念ながら、現在の研究において記述に対応するような実作品はほとんど報告されておらず、これを裏返せば、研究対象となっている作品に精度の高い「偽物」が混入している、とも受け取れてしまうわけです。

二．資料からわかる「偽物」の実態―明治～昭和

江戸時代の「偽物」づくりは、完成までひとりないしは数人で手掛ける家内制手工業的制作であったようですが、明治以降ともなるとこの様相が一変、大規模な組織制作へと移り変わります。

明治三十五年（一九〇二）三月十一日付『読売新聞』には「古名画の偽筆」との記事が掲載され、当時における「偽物」づくりの詳細が伝えられます。

> 画の贋造は近来益甚だしく、昨年に比べて本年は愈巧みになりたる事、只驚くの外なし。紙の如きは時代の付きたる者を新規に漉く処すらありて墨色よりは落款、肉色より肉のはみ出し方まで残る処なく巧に製造し、一見古画そのままのものなり。殊に近来著しく製造したるは、鑑定家が其名前くらいを知るに止る如きものを多く造り出す事にして、斯は抱一、文晁、応挙等の贋造の余り多き為め、容易に本物と認むるもの尠なくなりしより心付きて、多く後世

に画を残さざりし画人の名を以て造り出す事とし、鑑定家の眼を眩まさん為めなるが、情けなき事には其時代の筆と今日の筆とは自から異る処ありて、何程巧みに拵へ得るも見破らるる物多けれど、中には筆までも古代に偽せんとして紙鑢りに掛け、筆の先をギザギザとなして書きしものなどあり、実に巧みに鑑定家を惑わし居れり。

さて此の種の製造は云うまでもなく大坂にて、其大なるは殆ど合資会社然たる組織にて、日々何百幅と荷造りなして各地方へ出荷し居れりとぞ。又東京の贋筆家は根岸に文晁専門を偽せ居るものと、本所区内に種々の贋造を為し居るものとありて、其生活の如きは大紳士然たるものなる由。画を見るの明なき者はうっかり古画に手を出す事能わざるに至りたる為め、博物館員などへ内々にてその鑑定を申込む者多く、近来は一日平均二十幅位宛有るとかなるが、しかも此内にて十七八幅迄は贋造物なりとの事、又しても公徳問題ながら、此悪弊の盛に行わるるは実に嘆ずべき事にこそ。

絵画の「贋造」は年々巧みになっており、たとえば、画を描くための紙は時代を経た風合いを出すため、もともと古くみえるように着色して滲いたものまであらわれる始末である。特に最近は酒井抱一や谷文晁、円山応挙などという著名画家の「偽物」があまりに増え、そのような作品には誰も手を付けなくなったために、鑑定家が名前は知っているものの、実物を見たことがないような画家の「偽物」づくりまでなされている。このような「偽物」の一大生産地は、言うまでもなく大阪で、大規模なところは会社然とした組織で毎日何百幅と荷造りをして各地へ出荷している。一方、東京では根岸に谷文晁を専門とする者がいるなど、その暮らし向きや羽振りはたいへん良いという。結果として、やすやすと古画を購入できなくなった人たちが東京帝室博物館の専門家に鑑定を依頼することが増え、毎日二十点くらいが持ち込まれている。けれども、「真筆」はわずか一～二割に過ぎず、「偽物」が八～九割も占めるという公序良俗に反する現状は実に嘆かわしいものだ、と記事を結んでいます。

この大阪にみる「偽物」づくりの実態は別の記事でも触れられ、明治四十五年（一九一二）五月一日付『大阪朝日新聞』の「贋作書画の大検挙」は、さらに大規模な組織について記しています。

書画の贋作をなし居れる骨董商人の数は少からず、夫々専門的に分れ居り画のみを描けるもの、落款のみをなし居るもの、主として古書画を贋造せるもの、新書画を偽造せるもの等、夫々別あり。

…押入其の他に隠し居たる書画中には十年も前に作りしものあり、決して売り急ぐということをせず、格好な買手のあるまで自分の宅に蔵（しま）い置き、自然の古色を帯びるようの工夫をなし、又市内多数の骨董商人より持来る書画に落款を入れ、印を押し一幅に二十銭より五十銭位までの金を取り居たる由、左れば押捺したる古きメクリの中に之は岸駒、之は探幽、之は応挙、之は山陽と勝手な附箋（ふせん）をなし居たるが多かりき。是等は骨董屋の注文によりてどうにでも落款を入れるものなりと。

…彼等の自白に依れば「青竹の節を打抜きて其の中へ数枚の画を入れ両方を密封して竃の上に吊し置き、其の青竹が白くなりたる時分を見計うて取り出せば、真物に稍近き煤け色が出て居ります」というもあれば、「私の内は安物にて田舎下しが専門故、大抵は刷毛で色づけをします」というもあり。

公安の捜査が入り、「贋作者及び販売者（画師、骨董商人）」が「大検挙」されたとの内容ですが、これに関わった具体的な人数は記されていません。ただ、同様の検挙事案を探ってみると、東京での検挙について触れた大正四年（一九一五）一月三十日付の『読売新聞』では六十五人、同じく東京で行われた大正十一年末の検挙では百人近くとありますから[5]、大阪での「大検挙」もそれに匹敵する規模だったとみられます。

この記事には組織の様相が示され、江戸時代以前の古書画を作る者、明治時代以降の新書画を作る者、「落款」を専らとする者、というように部門ごとに分かれて専門的に手掛けていた様子が判明します。「落款」を入れる専門職は骨董商の注文に応じて種々の印を使い分け、作品一点につき二十銭から五十銭で請け負ったといいます。

また、作品を古く見せるための偽装、いわゆる「古色づけ」の専門家もいたようです。青竹の中に作品を入れ、それを密封して竈の上に吊るし、青色が白く変わる頃合いを見計らって取り出せば、ちょうどよい具合の茶色に仕上がる、と証言しています。地方用の安物に至っては、茶色の溶液をそのまま刷毛で塗布する稚拙な方法で行ったとの供述もあります。

この一連の検挙において、「東区内北濱の山中吉郎兵衛氏方へ三名の刑事出張して種々調査するところありき。其の内容は不明なるも同家に出入せる多数骨董商人が次から次へ取調を受け居る模様なり」と、関西で著名な古美術商の名が挙がっていることには注意を要します。このような組織の司令塔が誰であったか、それを推察するうえでの手がかりとなる重要情報だからです。

これほどまでに大掛かりな「偽物」づくりが横行していた事実は、遅くとも明治後半には古美術品に対する需要が非常に高まりをみせていたことを示しますが、では果たしてそのブームの理由とは何だったのでしょうか。

この問題については、聖書学者で京都府立図書館の館長を務めた湯浅吉郎（半月・一八五八〜一九四三）が、『書画贋物語（しょがにせものがたり）』で端的に述べています(6)。

> 貴族とか富豪とか云ふ上流社会ばかりでなく、一般平民に至るまで書画を買ふ人が多くなって来たので、古書画などに至っては迚（とて）も真贋など云ふては居られず、また真物ばかりではなかなか間に合わぬほど需要があるから遂（つ）い贋物が出来るやうになるのも止むを得ぬ自然の趨勢（すうせい）である。

明治の世となり、それまでの身分制が解体され、職業選択に道が開かれた。これによって江戸時代の既得権益層から「富」の流動が起こったが、特に古美術品はその象徴であったとともに、教養を示すものとして尊ばれたことから、新興の富裕層によって競い求められるようになった。結果として、そもそもパイの少ない「真物」では供給量が追いつかず、埋め合わせのために「偽物」がたくさん出回るようになった、と指摘しています。当時の状況からすれば、「それは止むを得ない自然の趨勢であった」との感想も吐露しています。

三．絵画作品にみる「偽物」の実態―改変

次に実作品の「偽物」についてわかりやすい例を挙げ、その実態に迫ってみようと思います。まずは十八世紀後半に京都で活躍した呉春（松村月渓・一七五二～一八一一）の「浜松図」から見ていきましょう。

図7　呉春落款「浜松図」
江戸後期

画面下半に数本の松を配した波寄せる汀、その上に霞越しに垣間見える帆掛船を描いています【図7】。左中央やや上に「呉春写」と署し、その下に白文方印「呉春之印」を捺す

図8　「浜松図」　落款

図9　岡本豊彦「呉春像」　部分
江戸後期　大阪市立美術館

ことから【図8】、著名な俳人で画家でもあった与謝蕪村に学び、のちに「生写（しょううつし）」という画風で京都を席巻した円山応挙の影響を受けた呉春の作品とみることができます【図9】。両者の趣きを加味して「四条派」という画派を確立した人物でもあり、その画風は淡白で洗練され、京都周辺の町家や寺院を飾るにはちょうど良い雰囲気を備えています【図10】。本作は物理的に二百年程度の経年劣化が認められることから、呉春の「真物」とみて矛盾がないように感じられますが、画面の左下に着目すると、もうひとつの小印が捺されていることに気づきます【図11】。落款から離れたところに捺す印を「遊印（ゆういん）」と呼び慣しますが、それは「画中有詩（画中に詩あり）」のように、画家が好んだ「座右の銘」などを刻む場合が多いのです。けれども、ここにあるのは「藤原」「孔寅」との文字で、実は呉春ではない、別人を示す印と判明します。これが誰に相当するかと言いえば、秋田仙北郡の出身で京都に出て呉春に学んだ長山孔寅（ながやまこういん）（一七六五～一八四九）という画家です【図12】。

ではなぜ呉春の作品に、その弟子である孔寅の印が捺されているのでしょうか。合作の可能性は皆無とは言えませんが、その場合、誰がどの部分を描いたかわかるように落款の位置を工夫するか、それぞれが何を描いたか文字で示すのが通例です。この状態を合理的に解釈すれば、当初は印のみ捺された孔寅の作品であったものが、それが目立たないのを良いことに、後世に「呉春写」との落款が加えられた、となります。最低限の労力で、みごと画風の近い呉春の作品に「改変」、結果として売買価格が釣り上がる、というわけです。そもそも孔寅が署名をせずに印のみとしたのは、おそらく中幅に高砂の尉姥ないしは寿老人などの吉祥画題を配し、左右に同じく吉祥画題の松を取り合わせた三幅対中の左幅であったためと考えられます。三幅とも同じような体裁で署名を加えてしまうと全体の印象が重くなり、野暮に見えるのを避けた結果でしょう。

これと同様の手口による「改変」の例として、呉春の兄弟弟子でもある円山応挙門人・渡辺南岳（一七六七〜一八一三）の「雪中常盤図」を挙げることができます【図13】。平安末期に起こった「平治の乱」にまつわる画題で、謀反人とされた源氏の武将・源義朝の訃報に接した側室・常盤御前（一一三八〜?）が、その間に生まれた今若（阿野全成）、乙若（義円）、牛若（源義経）三人の命を守るため、京都の伏見から奈良へと落ち延びる場面を描きます。画面の左下に「南岳写」の款記に加え、白文連印「南」「岳」が捺されています【図14】。画中に他の印は見当たらず、本来の落款を削ったり消したりした痕跡も認められません。ではなぜこれが「改変」されたものと判断できるのでしょうか。

実はこの作品にはもうひとつの情報があります。それは画面上部に記された「ふる雪にしばしみ

図11　「浜松図」　別印

図10　呉春「四季耕作図襖」
寛政7年（1795）
大乗寺（兵庫県美方郡）

図12　長山孔寅「春花双雀図」文化12年（1815）
北島古美術研究所

図13　渡辺南岳落款「雪中常盤図」
江戸後期

図14　「雪中常盤図」　落款

図15　「雪中常盤図」　大原重成賛

図16　「大原重成像」
（『万家人名録拾遺』文政４年 /1822 刊）

さほはかくれてもまつの常磐の名ぞかぐわしき」との和歌です。非参議の公卿・大原重成（おおはらしげなり）（一七八三～一八三八）によって書され、その署名には位階の「正三位」と名の「重成」に加え、「併賛（へいさん）」の文字がみえます【図15】。ここに大きな問題があるのです。「併賛」とは「併せて賛す」、つまり「～とともに賛（和歌）もあわせて書きました」との意です。では「～」が何に相当するかといえば、それは画です。他人が描いた画に賛を加える場合には、わざわざ「併」の文字など記す必要がないのです。とすれば、この画を描いたのは、賛を加えた大原重成その人ということになります。「南岳写」という署名は余計であり、それが存在すると「併」との間に矛盾を来してしまいます。実は重成も、呉春の異母弟である四条派の松村景文（まつむらけいぶん）（一七七九～一八四三）に師事し、それなりに作品を残した画家だったのです【図16・17】。けれども、応挙に端を発する円山派の画風を京都から江戸に伝え、和美人の名手としても知られた渡辺南岳のネームバリューにはかなわず【図18】、結果として「改変」されてしまったというわけです。

図17　大原重成「高雄紅葉図」
江戸後期

図18　渡辺南岳「美人図」
江戸後期　黒川古文化研究所

四．絵画作品にみる「偽物」の実態——贋造

以上の二点は別の画家の「真物」に別の落款を加えて「改変」した、いわゆる「飛び込み落款」と呼ばれる二次的な偽作の手法です。まさに先にみた『古画備考』の記述を実際に行った例ですが、本来の落款を削り取っていない点において、まだしも親切な偽装でしょう。そこで次に、当初から「偽物」を意図した悪質性の高い「贋造（がんぞう）」の例を見ましょう。先の二点にも縁のある円山応挙（一七三三～九五）の落款を有した「遊鯉図（ゆうりず）」です【図19・20】。

実は江戸中期以前に活躍した画家の作品であれば、基体材（きたいざい）（キャンバス）としての画絹（がけん）を拡大観察することで「偽物」の多くを判別することが可能です。幕末から明治を通じて昭和初期に至るまでの間、「偽物」づくりは組織的に行われ、いわば大量生産された時代でした。これはまさに殖産興業の渦中において、絹織物の技術と品質が飛躍的に向上した時期とも重なります[7]。

主として繭を生産する「養蚕」、繭から糸を紡ぐ「製糸」、経糸と緯糸を組織させる「機織」という三行程における革新であり、その大きな契機となったのはフランスやイギリスへ生糸の輸出が始まった安政六年（一八五九）の開港でした。特に「製糸」については簡単な道具を用いて手で行う「手繰製糸」であったものが【図21】、幕末以降には次第に人力で器械を動かす「座繰製糸」が導入され、さらに明治五年（一八七二）に操業を開始した富岡製糸場は、水力や蒸気機関によって機械を動かす「器械製糸」のはしりとなっています。ただし、明治初年における世界生糸市場の中心であったロンドンでは、日本で粗製濫造された輸出生糸に対する評価は低く、年々その取引価格を低下させるに至りました。そのため、明治政府は「製糸製造取締規則」（明治六年・大蔵省布告）などを発布し、品質の向上を目指すこととなります。一方、「機織」に関しても、明治五年に開催されたオーストリアの

図19　山跡鶴嶺「円山応挙像」部分　江戸後期

図20　円山応挙落款「遊鯉図」黒川古文化研究所

図21　北尾重政「かゐこやしなひ草　第九」江戸中期

ウィーン万国博覧会に技術者が派遣され、緯糸を通すのに必要な経糸の上下運動をパンチカードの穴で制御する「ジャカード織機」、緯糸を通す杼（ひ）を機械で飛ばす「バッタン機」が日本に持ち帰られました。これらの機器は国内で複製や改良を重ねながら織物の技術と生産性を飛躍的に向上させ、安定した製品供給に寄与していきます。

「養蚕」「製糸」「機織」に関する技術は明治以降に変貌を遂げ、絹織物として最もシンプルな画絹の品質向上にも影響を及ぼしました。おおむね明治以降の画絹は、節のようなダマが生じた「玉糸」はほとんど見られず、経糸緯糸ともに太く強靭（きょうじん）となり、一本一本が均質でムラのない「製品」となっています。これは「養蚕」と「製糸」の技術変化にともなう特徴です。さらに緯糸の密度が高く隙間がほとんどなくなり、密度に粗密が生じた「織段（おりだん）」も認められなくなります。これは「機織」の技術変化にともなう特徴で

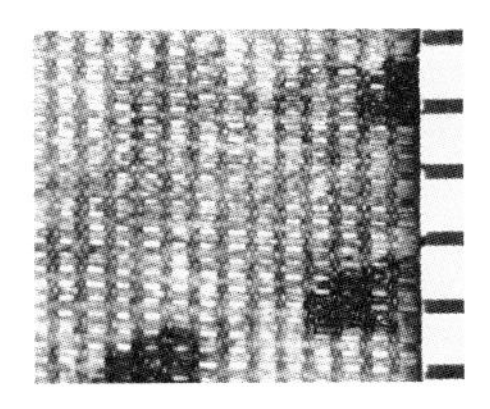

図23　江戸中期（18世紀後半）の画絹（1目盛＝1mm）

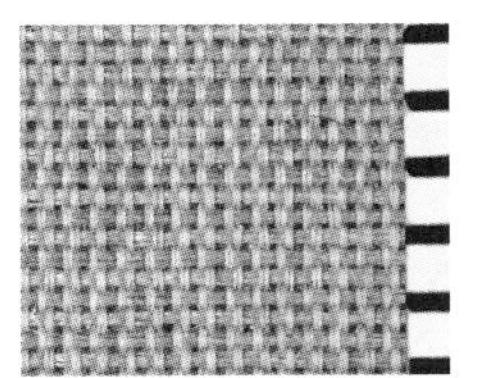

図24　明治中期（19世紀後半）の画絹（1目盛＝1mm）

図22　勝川春章「かゐこやしなひ草　第十一」江戸中期

す。「バッタン機」の導入で緯糸のテンションが均質となり、通した緯糸を手前に打ち込んで経糸と組織させる「筬打（おさうち）」が強く行なえるようになった結果とみられます。その違いを簡単に言えば、江戸時代の画絹は手で一本一本の糸を紡ぎ、それを手織（ており）で生産していたことから【図22】、ひとつの作品内においても部分的に糸の太さや組織の粗密に差が生じています【図23】。それに対し、明治以降の画絹は器機によって糸を紡ぎ、機械織での生産に改められたことから、糸の太さや組織にばらつきがなく、「製品」としての均質性が高まっています【図24】。

このように画絹の時代性は技術の向上と直接的に結びつくため、差があるのがむしろ当然なのです。明治以降の作品には「製品」としての画絹が用いられ、その表面は物理的に安定をみたため、上に塗布する墨の載り具合も一様になります。江戸時代に比べると、その諧調は数段階ほど濃く鮮やかになり、ムラも生じにくくなっています。

実は本作も応挙が活躍した江戸中期の画絹ではなく、明治以降に生産された「製品」が使用されています【図25】。その指摘だけでも十分なのですが、「鑑定」の誤りを少しでも避けるには「物質面」としての画絹のみにとどまらず、より多くの「尺度」を用いて多角的に判断することが求められます。

そこで次に本作の「技術面」および「表現面」を「観察」し、やはり応挙門人の島田元直（しまだげんちょく）（一七三五～一八一九）による「遊鯉図」と「比較」しつつ、検討していきたいと思います【図26】。

どちらの作品も画面下部に水中でたゆとう鯉を描きますが、応挙（偽）は頭を上にして時計と逆回りに旋回する姿とし、それにあわせた青い水流を上から重ねています。一方の元直は頭を右下にし、やはり時計と逆回りに旋回する姿とします。一見しただけではその表現にさほどの差があるように

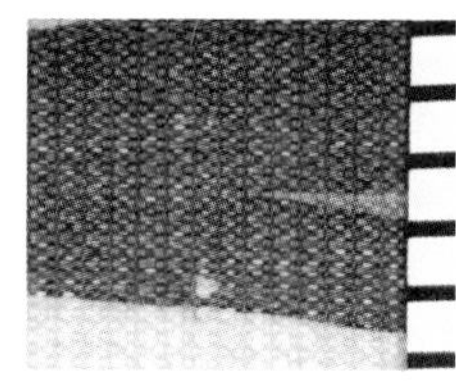

図25　円山応挙落款「遊鯉図」画絹（1目盛＝1mm）

図26　島田元直「遊鯉図」江戸中期

は思えませんが、これを拡大してみると、決定的な違いがあることに気づきます。

注目すべきは体のボリューム感です。たとえば、この鯉を「あらい」にして食すとすればどちらを選びますか、といった現実に即した見方も重要です。応挙から始まる円山派は物理的な合理性を重視し、実際に目にしたように描く「生写(しょううつし)」を推奨しました【図27】。骨格や各部位の整合性はもとより、その立体感や形態感に関する正確な表現を求めたのです。元直の鯉はいかにも身が詰まっているように見えるのに対し【図28】、応挙(偽)の方は確かに旋回する外側は肉感的なものの、尾の周辺にはそれが認められず、左側面に至っては右側面との整合性に破綻をきたすほど、立体感を感じ取れないことにご賛同いただけるでしょう【図29】。

図27　円山応挙「写生図巻」　江戸中期　㈱千總

図28　島田元直「遊鯉図」　鯉

図29　円山応挙落款「遊鯉図」　鯉

図30　円山応挙落款「遊鯉図」　ウロコ

図31　島田元直「遊鯉図」　ウロコ

ではなぜそのように見えるのでしょうか。さらに拡大して検討してみましょう。

ここで注目すべきは、ウロコ一枚一枚の表現です。実はこの二作品の決定的な差は、ウロコに存在します。応挙（偽）の鯉は輪郭線を主体にウロコを形づくるのに対し【図30】、元直はウロコの外側に墨を塗る、いわゆる「外暈(そとぐま)」という手法を用いています。これによって一枚一枚を立体的に浮き立たせ、ウロコの位置によって方向や大きさ、さらに墨の濃度を変えて立体感を強調しているのです【図31】。

このように細部まで「観察」していけば、同じように見える作品であっても、表現における根本思想がまったく異なると判断できます。「神は細部に宿る」という言葉がありますが、逆に言うと東洋絵画は、その構成要素の最小単位である筆の一本一本や墨の濃淡まで「観察」しなければ、「巧拙」や「優劣」を簡単に看取ることができないとおわかりいただけるでしょう。

「鑑定」にとって重要なのは「直感」または「第一印象」だ、

という人があります。確かに経験則として、瞬時の判断結果が正しいと思えることも多いのですが、実はそれは自身の判断を正当化しているに過ぎません。その判断が正しかったかどうか、のちに検証したうえでの評価ではなく、そもそもそれを検証すること自体が非常に困難だからです。「直感」も経験に基づく判断を瞬時に行っているに過ぎず、そのよって来たるところを手繰り寄せ、自己分析できたなら、言葉で説明することは可能なはずです。「美術史」の研究に不可欠な「鑑定」では、なぜそのように判断したのか、第三者が検証できるよう論理的な言葉で説明することが求められます。ここでは実作品の「偽物」を見てきましたが、なぜそのように判断したかについて、「観察」で得られた「情報」を作品間の「比較」に基づいて説明しました。これが私の考える本来の「鑑定」というものですが、果たしてその内容に納得いただけたかどうか、みなさんのご判断にお委ねしたいと思います。

おわりに――「鑑定学」の確立に向けて

政治家として著名な山岡鉄舟（やまおかてっしゅう）（一八三六～八八）がある地方を訪れ、乞われるままに揮毫したところが、その書跡は真っ赤な「偽物」であった、という有名な話があります。何のことはない、その山岡鉄舟自身が「偽物」だったわけです。けれども、制作現場を目撃したという同時代の証言を得てもなお、制作した人物が本当に本人なのかという問題が残るとすれば、果たして何に「信」をおけば良いのか、歴史研究者は研究の前提として、論理的に納得のいく答えを自ら用意しておく必要があるでしょう。さらに作品を資料として扱う「美術史」においては、その「巧拙」や「優劣」、「真偽」をどのような基準で判断しているのか、個々の研究者が「鑑定」に関する方法論を開示しておくべきと考えます。私自身、この問題についてはオーストリアのウィーン出身でイギリスのロンドン・スクール・オブ・エコノミクスの教授として活躍した科学哲学者・カール・ポパー（一九〇二〜九四）の「批判的合理主義」という考えに多くを負っています[8]。科学哲学の世界において、ポパーの理論はほとんど顧みられなくなっているようですが、現実の問題に対峙する立場からすれば、プラグマティズムにおけるアメリカの哲学者・パース（一八三九〜一九一四）を除き、実際に示唆を与えてくれるものはそれほど多くないように感じられるのです[9]。

ポパーの著『客観的知識—進化論的アプローチ』には、以下のような記述があります[10]。

Pr1　合理的観点からして、われわれは実際的行為のためにいずれの理論に信頼を託すべきであるか。

Pr2　合理的観点からして、われわれは実際的行為のためにいずれの理論を優先的に選択すべきであるか。

Pr1に対する私の答えはこうである。合理的観点からすれば、我々はいかなる理論にも「信をおく」べきでない。なぜなら、いかなる理論も真であることが明らかにされなかったからであり、真であることが明らかにされえないからである。

Pr2に対する私の答えはこうである。しかし我々は行為のための基礎として最も良くテストされた理論を優先的に選択すべきである。

いいかえると、「絶対的信頼性」は存在しないが、われわれは選ばなければならないのだから、最も良くテストされた理論を選ぶのが「合理的」であろう。この選択は、私の知っているかぎりでの言葉の最も明白な意味において「合理的」であろう。最も良くテストされた理論は、われわれの批判的議論の光に照して、これまで最も良い理論とみなされている理論であり、きちんとおこなわれた批判的議論よりも「合理的」であるいかなるものも私は知らない。

もちろん、行為のための基礎として最も良くテストされた理論を選ぶことは、言葉のある意味においてわれわれがその理論を「信頼」することである。それゆえ、その理論は、この〈信頼という〉言葉のある意味において、入手しうる最も「信頼のおける」理論とさえいえるであろう。だがこのことは、その理論が「信頼できる」ということをいうものではない。実際的行為においてさえ、何事かがわれわれの期待を裏切りうるということをわれわれはつねに十分予想しているという意味では、少なくともその理論は「信頼でき」ない。

(「第一章 推測的知識」九・実用主義的優先選択)

批判的議論は、ある理論が真であるという主張に対する十分理由を決して確立できない。それはわれわれの知識が真知であるという主張を決して「正当化」できない。しかし批判的議論は、もしわれわれが幸運ならば、次のような主張をすることへの十分理由を確立できる。「この理論は現在のところ、徹底的な批判的議論と厳しく巧妙なテストに照してみて、これまでの最良の（最も強力な、最も良くテストされた）理論だと思われる。それゆえこの理論は、競争しあっているもろもろの理論のうちで真理に最も近い理論だと思われる」。

一言でいえば、こうである。われわれはある理論を―つまりそれが真であるということがわかるという主張を―決して合理的に正当化できないが、しかしもしわれわれが幸運であれば、一つの理論を一連の競合的な諸理論のうちから暫定的に、つまり議論の現状に照して、優先選択することを合理的に正当化できる。そしてわれわれの正当化は、その理論が真であるという主張ではないけれども、議論の現段階においてはその理論がこれまで提出された一切の競合的理論よりも真理のより良き近似であるあらゆる徴候がある、という主張であることはできる。

（「第二章　常識の二つの顔」
二四・批判的議論、合理的優先選択、われわれの洗濯と予測の分析的性格の問題）

ポパーが言う「理論」の語を「作品」に置き換えれば、おおむね私が思う「鑑定」の合理的説明が成り立つと考えます。

たとえば、ある寺の古い資材帳に「絹本着色阿弥陀来迎図（けんぽんちゃくしょくあみだらいごうず）　一幅」とあり、大きさまで一致する作品がいまも伝わっているとしましょう。けれども、それが記録にある作品だとは、すぐに認めるわけにいきません。なぜなら、その蓋然性が極めて高いことは理解しますが、すでに記録上の作品は失われ、他所から後世に持ち込まれた同様の作品であったり、そっくりそのまま摸写された作品である可能性も想定し得るからです。我々の思考径路は、どちらかというと最短距離を直線で結ぼうとしがちです。そのように考えたいのはやまやまなのですが、だからこそいったん立ち止まることが重要で、まずはあえてその考えを覆すような、想定しうるかぎりの可能性を俎上（そじょう）に載せて検証すべきなのです。この場合の「想定しうるかぎりの可能性」とは、直線的な解釈を「正当化」する材料ではなく、逆にそれを否定する批判材料のことです。そしてそれらのひとつずつを潰していき、最終的にどのような可能性が残るか、ある種の思考ゲームを意図的に行うべきと考えます。

　美術作品に関しても、落款に記された作者をそのまま認めてしまえば楽なのですが、直線的に導き出される時代や作者といった前提に対し、まずはそれを覆すような批判的検討を加えるのが「鑑定」においては不可欠となります。もちろんそれが「真」であることを「正当化」する材料の収集も重要ではありますが、美術作品は常に金銭的価値と表裏一体である以上、「偽物」の存在を前提とみなければなりません。性善説からのアプローチはあり得ないのです。そこでまずは本当にその時代、本当にその作者の作品かどうか、徹底的に批判の矢を放ったうえで、物質的にその時代、技術的、表現的にその作者と認め得る作品については、とりあえず「真」と認めておくのが最も合理的ではないか、と考えるわけです。ただし、「真理」や「真実」の追究が第一と自認するのであれば、その「真」もカッコ付きの（真）と見ておかねばなりません。たとえ現時点において「真」と認められたとしても、自身の研究人生において、やがては「偽」と判断せざるを得ない場面が来るかもしれず、逆もまたあり得るからです。

さらにその判断は、絶対的でなく、相対的になされる必要があります。つまり、作品の「観察」によって「情報」を収集し、作品間の「情報」を「比較」することで判断を下す、というわけです。その「情報」を得るために「観察」すべきポイント、さらに「観察」で得た「情報」をどのように「鑑定」に活かすかについては、東北大学とも縁の深い京都帝国大学文科大学初代学長を務めた狩野亨吉（かのうこうきち）（一八六五～一九四二）が、一九三〇年の「科学的方法に拠る書画の鑑定と登録」とした論文で提唱しています[11]。

> …私はこの科学者の見方即ち科学的方法に拠ることを安全第一と考え、その方法を書画の鑑定に応用しようというのである。
>
> 先ず機構の分解を以て始める。…これは（一）流派、（二）流行の時代或は流派の時代的特性、（三）筆者の特性、（四）画の布置結構、（五）全面に於ける位置等である。次に鑑賞に洩（も）るるところの（六）落款、識語、（七）印章、（八）用筆、（九）墨、絵具、印肉、（十）地即ち紙、絹等を研究題目とする。次に（十一）時の経過に由って生ずる変化、即ち汚染、皺、折目、裂目、擦減、虫害等を観察する。又（十二）表装、（十三）箱をも調べる。最後に（十四）鑑定書、箱書及び（十五）

伝来を取上げる。以上は先ず構素の大体の項目である。この外考え付くことは項目として加え、各項目に就き研究調査して、疑なきに至りたる結果を綜合し、以て真偽の判断を下すことが即ち真の鑑定である。この鑑定に於ては、綜合的直覚的なる鑑賞に代ゆるに分解的推理的なる研究を以てし一々の項目を研究するに当って単に視聴によるばかりでなく―本を読み人に聞いたりするだけでも大事であるが―必要が生じた場合には更に進んで試験管を手にし顕微鏡を覗く如き純粋なる科学的方法に訴えるのである。

（旧仮名遣いを現代仮名遣いに改めた）

「機構の分解」によって得られたそれぞれの「構素（ポイント）」を「研究調査」し、「結果を綜合し」て「真偽の判断を下す」のが「真の鑑定」とみる内容です。この「鑑定」は「綜合的直覚的」である「鑑賞」ではなく、「分解的推理的」である「研究」に依拠し、必要に応じて「科学的方法に訴える」と規定しています。

狩野氏が言うところの「構素（ポイント）」を、私自身の経験に即して言葉を改め、優先順に構築し直すと以下のようになります[12]。

A　経年変化

・本紙（紙、絹）

・画材（墨、染料、顔料）
・表装

B　本　紙（紙、絹）

C　筆　墨
・筆致、筆線（筆づかい）
・墨色（墨づかい）

D　彩　色（染料、顔料）

E　金　箔、金砂子、金　泥

F　画面構成（構図）

G　形態表現

H　落　款

・款記（署名）

・印章（印影）

I　賛

J　付属品、付属情報（極め、伝来）

BとCの間には「観察」すべき留意点に段差があり、AとBは「物質面」、C以下は「技術面」および「表現面」、さらにIとJは二義的な周辺情報となります。

また、狩野氏が言う「真の鑑定」とは、「綜合的直覚的」ではなく「分解的推理的」な「研究調査」の「結果を綜合し」て「真偽の判断を下す」こととあるものの、その内容は具体的ではなく、いまひとつ何を意味しているのか不明瞭です。そこで「真の鑑定」を実践するにあたり、どのような経緯を経て「真偽の判断を下す」べきなのか、最後に私なりの方法論を述べてみようと思います。

「鑑定」に必要な「情報」とは、紙や絹、墨や彩色などの「物質面」に加え、筆づかい、墨づかい、構図、構成などの「技術面」および「表現面」です。ひとつの作品に存在する各ポイントを「観察」し、まずはそこから読み取った「情報」を言語化しなければなりません。言語化の作業は、「観察」の結果を自身の中で意識化するためには不可欠であり、他者と「情報」を共有するための手段ともなります。

この「観察」で得られた個々の「情報」は、研究においては画家や時代の特性を読み解くうえで不可欠となりますが、ここからさらに「鑑定」において必要な要素を抽出します。「物質面」からは「新旧」、「技術面」と「表現面」からは「巧拙」と「優劣」を看取し、その作品に関するおよその位置づけを行います。ただし、一作品の「情報」のみからでは主観的な判断とならざるを得ませんから、これを客観化するために他作品との「比較」を欠くことはできません。

作品間における「新旧」「巧拙」「優劣」の「比較」は、単にどちらが新しく見えるか、どちらが下手に見えるかとの判断でかまいません。ただし、そのように判断した理由については、言葉で説明できる必要があります。また、その「比較」を作品X、Y、Zというように複数を同時併行で行えば、その複雑さから判断を誤る危険性が高くなります。ですので、あくまでもXとY、XとZ、YとZというように、二点間において行うべきでしょう。

この「比較」を経るごとに、それぞれの作品における「新旧」「巧拙」「優劣」が相対的に位置づけられていきます。一度一度の「比較」は、それまでの誤った判断に修正を加える批判的検討のチャンスです。それゆえ、回数を増やすことが判断の精度を上げることに直結します。同じ画家の作品だけでなく、同じ流派や同時代の画家というように範囲を拡張していけば、やがては分子構造のように複雑な相対的位置づけが可能となるでしょう。さらに異なる時代や他国の作品と「比較」していけば、やがては時代性、地域性といった特徴も浮かび上がるはずです。たとえ国宝や重要文化財であっても、それを「基準」として特別視するようなことはせず、あくまでも「比較」の一材料とみなければならないのは先に述べたとおりです。

ここで提示した科学的思考に基づく「鑑定学」構築へのアプローチは、「真理」や「真実」は必ず存在するとの命題のみに「信」をおく、理念先行型の試みにみえるかもしれませんが、その方法論は極めて実践的であるとご理解いただけるのではないでしょうか。

【註】

(1) 朝岡興禎『増訂古画備考』(思文閣出版　一九八三年再版)。原文は漢文で、書き下しは筆者による。

(2) 『[定本]日本絵画論大成　第七巻』(ぺりかん社　一九九六年)所収。原文は漢文で、書き下しは筆者による。

(3) 『鼠璞十種　第一巻』(国書刊行会　一九一六年)所収。

(4) 『[定本]日本絵画論大成　第十巻』(ぺりかん社　一九九八年)所収。原文は漢文で、書き下しは筆者による。

(5) 狩野亨吉「科学的方法による書画の鑑定と登録」、『狩野亨吉遺文集』(岩波書店　一九五八年)所収。

(6) 湯浅半月『書画贋物語』(二松堂書店　一九一九年)。

(7) 江戸から明治における「養蚕」「製糸」「機織」各業に関しては、「製絲史」(『日本蚕糸業史　第二巻』初版・大日本蚕糸会　一九三五年／再版・鳳文書館　一九九二年)、内田星美『日本紡織技術の歴史』(地人書館　一九六〇年)、庄司吉之助『近世養蚕業発達史』(御茶の水書房　一九六四年)、通商産業省編『商工政策史　第十五巻　繊維工業(上)』(商工政策史刊行会　一九六八年)、工藤恭吉・根岸秀行・木村晴寿「近世の養蚕・製糸業」(『講座・日本技術の社会史　第三巻　紡織』日本評論社　一九八三年、所収)、工藤恭吉・川村晃正「近世絹織物業

の展開」（同）、竹内壮一「近代製糸業への移行」（同）を参照した。

(8) カール・ポパーの「批判的合理主義」については、『科学的発見の論理』（大内義一・森博訳　恒星社厚生閣　一九七二年）、『果てしなき探求―知的自伝』（森博訳　岩波書店　一九七八年）、『推測と反駁』（藤本隆志・石垣寿郎・森博訳　法政大学出版局　一九八〇年）を主に参照し、高島弘文『カール＝ポパーの哲学』（東京大学出版会　一九七四年）、蔭山泰之『批判的合理主義の思想』（未来社　二〇〇〇年）、小河原誠『反証主義』（東北大学出版会　二〇一〇年）などで理解を補った。

(9) この問題に関しては、須藤靖・伊勢田哲治『科学を語るとはどういうことか―科学者、哲学者にモノ申す』（河出書房新社　二〇一三年）が示唆に富んでいる。同書における議論の本質は、「第七章」のトビラ（二六三ページ）に尽されていると考える。パースの思想については、米盛裕二『パースの記号学』（勁草書房　一九八一年）、伊藤邦武『パースのプラグマティズム―可謬主義的知識論の展開』（勁草書房　一九八五年）、米盛裕二『アブダクション―仮説と発見の論理』（勁草書房　二〇〇七年）を参照した。

(10) 『客観的知識―進化論的アプローチ』（森博訳　木鐸社　一九七四年）。

(11) 註5。

(12) 各ポイントにおいて何を観察すべきかについては、杉本欣久「日本近世絵画の観察と資料性評価の理論―「鑑定学」の構築にむけて―」（『古文化研究』第十号　黒川古文化研究所　二〇一一年）で詳述した。公益財団法人黒川古文化研究所のホームページからダウンロード可能。

【図版出典】

【図2】　朝岡興禎『増訂古画備考』（思文閣出版　一九八三年再版）
【図3】『日本美術全集十七　狩野派と風俗画』（講談社　一九九二年）
【図5】『江戸名作画帖全集一　文人画一　大雅・蕪村・木米』（駸々堂　一九九二年）
【図9】『四条派への道』（西宮市大谷記念美術館　二〇一九年）
【図10】『但馬の文化財　大乗寺円山応挙編』（但馬文化協会　一九八〇年）
【図19】【図27】『円山応挙〈写生〉創造への挑戦』（毎日新聞社　二〇〇三年）
【図21】【図22】『浮世絵にみる蚕織まにゅある　かゐこやしなひ草』（東京農工大学付属図書館　二〇〇二年）
【図1】【図4】【図6】～【図8】【図11】【図14】【図15】【図17】【図23】～【図25】
筆者による撮影。所蔵者の掲載許可を得た。
【図12】【図13】【図18】【図20】【図26】【図28】～【図31】
深井純氏による撮影。所蔵者の掲載許可を得た。

こころのカラクリを探求する

―だましの手口から見るこころの法則―

荒井崇史

4

こころのカラクリを探求する
―だましの手口から見るこころの法則―

荒井崇史

「こころ」とは何でしょうか。こうした問いは太古の昔から考察されてきました。物理的な構造物ではない「こころ」だからこそ、多くの人を魅了し、多くの議論を巻き起こしてきたといえるでしょう。この章では、そうした何とも魅力的で摩訶不思議な「こころ」というモノに備わる法則を読み解いてみたいと思います。

殊に、だましのような非日常的な状況では、「こころ」の法則が顕著に現れます。日常では意識しないような「こころ」の作用が、非日常ではありありと現れてくるからです。それゆえに、本章では、だまし（近年、社会問題として特に注目される特殊詐欺）という文脈に注目し、そこで作用する「こころ」の法則を知ることを通して、そのカラクリを考えていきたいと思います。

一．「特殊詐欺」ってなに？

「特殊詐欺」という言葉をご存じでしょうか？このご時世、ほとんどの人が特殊詐欺という言葉を知っているのではないでしょうか。もしかすると、「オレオレ詐欺」や「振り込め詐欺」と言ったほうが分かりやすいかもしれません。しかし言葉を知っていたとしても、特殊詐欺を厳密に説明できる人は、意外に少ないようにも思います。まずは、だましの手口から見る心の法則を知る前に、特殊詐欺について説明しましょう。

（一）特殊詐欺とは？

警察庁の作成する警察白書（警察庁、二〇一三）では、特殊詐欺とは、「被害者に電話をかけるなどして対面することなく欺もうし、指定した預貯金口座への振り込みその他の方法により、不特定多数の者から現金をだまし取る犯罪（現金等を脅し取る恐喝も含む）の総称」とされています。これを読んだだけでは、何だかわかりにくいのでもう少し解説します。

特殊詐欺は、手口によっていくつかに分類されます（図表1）。「オレオレ詐欺」、「架空請求詐欺」、「融資保証金詐欺」、「還付金等詐欺」、「金融商品等取引名目詐欺」、「ギャンブル必勝法情報提供名目詐欺」、「異性との交際斡旋名目詐欺」です。これらの内、「オレオレ詐欺」、「架空請求詐欺」、「融資保証金詐欺」、「還付金等詐欺」を合わせて「振り込め詐欺」といいます。特殊詐欺は日々進化してお

振り込め詐欺	**オレオレ詐欺**：親族などを装って電話をかけ、現金が至急必要であるかのように信じ込ませ、指定した口座に現金を振り込ませる手口による詐欺
	架空請求詐欺：架空の事実を口実に金品を請求する文書を送付し、指定した口座に現金を振り込ませる手口による詐欺
	融資保証金詐欺：融資を受けるための保証金の名目で、指定した預貯金口座に現金を振り込ませるなどの手口による詐欺
	還付金詐欺：市区町村の職員等を装い、医療費の還付等に必要な手続を装ってATMを操作させて振り込ませる手口の詐欺
	金融商品等取引名目詐欺：嘘の有価証券について電話等で情報を提供し、購入すれば利益が得られるものと誤信させて、現金をだまし取る詐欺
	ギャンブル必勝法情報提供名目詐欺：ギャンブルの攻略法を教えると嘘の情報を提供して、会員登録料や情報料としてお金をだまし取る詐欺
	異性との交際あっせん名目詐欺：不特定多数の者が講読する雑誌に異性を紹介するという嘘の記事を掲載し、連絡してきた被害者に異性に関する嘘の情報を提供した上で、会員登録料や情報料としてお金をだまし取る詐欺

図表1　様々な特殊詐欺の手口

り、これ以外にもその時々に合わせた詐欺が存在しています。例えば、「災害に便乗した義援金・寄付金詐欺」、「マイナンバーやオリンピックなどに関連した詐欺」などが知られています。なお、ここに挙げたのは二〇二〇年二月現在の名称であり、今後はさらに異なる手口が現れてくるかもしれません。以降では、警察庁の説明（警察庁、二〇二〇）を参考に、認知件数や被害額の大きい振り込め詐欺の手口についてもう少し詳しく見ていきましょう。

1．オレオレ詐欺

「オレオレ詐欺」は、耳にしたことがあるという方が多いのではないでしょうか。「オレだけど…。」とあたかも息子などの近親者であるかのように振る舞い、面倒ごとに巻き込まれたと言って金品をだまし取る手口です。だましの口実は様々で、「会社の金を使い込んだ」とか、「家庭のある女性を妊娠させてしまった」とか、「事故を起こした」とか、さもありそうなエピソードを騙り、相手を巧妙にだまそうとするのです。最近では「オレだけど…」と騙ることなく、最初から実名を使ってだまそうとすることも多いようです。悲しいながら、様々な名簿が転売されており、実際のところ自分の名前や子どもの名前は外部に知られていると思っておいたほうが良いのかもしれません。

それに加えて、最近の「オレオレ詐欺」の特徴として、弁護士、医師、警察官、役所や教育委員会の人間などを騙って、権威や信頼を醸し出すためのトリックも用いられます。例えば、息子と騙る人物から電話があって、それで完結するわけではなく、弁護士、医師、そして警察官と次々に電話がかかって来て、相手を圧倒するような展開に持ち込むのです。誰でも、息子から電話がかかってきたかと思うと、矢継ぎ早に弁護士や医師、警察官から電話がかかってきたら圧倒されてしまいます。また、権威ある人だから信頼しても大丈夫と、根拠もなく、なんとなく信頼してしまいます。犯人はそこに付け込もうとするのです。

もう一つ、最近の「オレオレ詐欺」の特徴があります。それは、必ずしも身内などの近親者を騙るのではなく、銀行員や銀行協会職員、あるいは警察官や金融庁職員になりすますのです。そして、例えば「口座が悪用されているからキャッシュカードを預からせてもらう」などと言って、キャッシュカードと暗証番号をだまし取ろうとします。これは、キャッシュカード手交型あるいはキャッシュカード受取型などと言います。

2. 架空請求詐欺

「架空請求詐欺」は、架空の事実を口実に金品を請求する文章を一方的に送付して、指定した預金口座に現金を振り込ませたり、プリペードカードなどで支払わせたり、コンビニ収納代行サービスを悪用したりする詐欺です。これは、ハガキの場合もあれば、SMSやメールなどで送られてくることもあります。送られてきた文章に書かれている番号に電話をかけると、様々な口実をつけてお金を請求してくるわけです。特殊詐欺というと、どちらかというと高齢者が狙われるというイメージがありますが、「架空請求詐欺」は比較的若い層でも狙われるという特徴があります。また、最近では、法務省のありもしない部局を騙ったり、裁判所などを装ったハガキやメールが送られてきたりすることもあるようです。

具体的な手口としては、一つには、身に覚えのない料金を請求するような手口があります。例えば、「アダルトサイトの使用料金などが未払いになっており、即刻支払わないと訴訟を起こす」などと脅すわけです。アダルトサイトのように、他人に知られたくないようなことを言われれば、そうしたサイトを訪れたことのある人は誰しも不安になるでしょう。また、他の人には知られたくないという心理から第三者に相談しにくくもなるわけです。他にも、「無料期間が経過したが、退会手続きが取られていない。料金を支払わなければ、訴訟を起こす」などと、誰にでも当てはまるような内容で、不安にさせる場合もあります。

もう一つ、具体的な手口としては、名義貸しに関連する手口があります。この手口では、まず被害者に、「あなたには、株式などの優先購入権や、老人ホームなどの施設入居権を優先的に購入する権利がある」などと嘘の電話がかかってきます。そして、矢継ぎ早に、「あなたが持つこれらの権利を欲しがっている人がいるから、権利を購入するために名義を貸してほしい」などと依頼してくるのです。つまり、被害者に何らかの権利を購入させようとするのではなく、その権利を得るために名義を貸してほしいと依頼してくるわけです。そして、これに応じてしまった被害者に対して、後日、名義貸しは違法であり逮捕される可能性があると脅してくるわけです。最終的に、逮捕を免れるためには違約金や弁護士費用が掛かると嘘をついて、金品をだまし取ろうとするのです。

3．融資保証金詐欺

「融資保証金詐欺」は、融資を受けるための保証金を口実に、指定した口座に現金を振り込ませる詐欺です。お金を借りるために、お金が必要であるというのはおかしな話です。しかし、「溺れる者は藁をもつかむ」の如く、切羽詰った状況にある場合には、おかしいぞということに気が付かないものなのです。

この詐欺も、まずはハガキやメールを手あたり次第送りつけます。そこには、実際には融資する意思がないのに、「誰でも融資」、「簡単な審査」、「低金利」など、魅力的な文言が躍っているのです。そして、ハガキやメールに応じて、被害者が融資の申し込みをすると、融資に先立って保証金を振り込むように要求してきます。さらに、一度お金をだまし取ると、その後も他の名目を語って何度も何度もお金を要求してくるのです。

　こんなうまい話があるものかと思う人もたくさんいると思います。しかし、手の込んだ犯人の場合、実在する金融機関や貸金業者のロゴマークを勝手に複製したりして、相手を信用させようとします。実在する有名金融機関から「融資しますよ」と言われれば、多少の疑念くらいは吹き飛んでしまうかもしれません。

4．還付金等詐欺

「還付金等詐欺」は、市区町村の職員等を装い、医療費の還付等に必要な手続きと偽って、現金自動預払機（ＡＴＭ）を操作させ、最終的には犯人の口座にお金を振り込ませる詐欺です。これも一見すると、ＡＴＭでお金が返ってくるなどあり得ないことはわかりそうですが、ＡＴＭに慣れていない者を狙ってお金をだまし取ろうとするのです。

　使われる口実としては、医療費、税金、保険の還付、年金の未払い金などが知られています。また、「手続きは今日までなので、急いで手続きをお願いします」等と時間が切迫しているふりをして被害者を焦らせ、正常な思考を妨害しようとします。そして、被害者を焦らせたなかでいろいろと紛らわしいことを言い、被害者の口座に振り込み入金されるものと誤信させて「お振込」のボタンを押させ、最終的にお金をだまし取るのです。なお、犯罪において他者の視線は非常に予防効果が高いものです。犯人は捕まりたくはないわけですから、他者に知られずに犯行を完遂させたいと思うわけです。ですので、犯人は予め被害者の自宅周辺のＡＴＭを調べて、ＡＴＭを管理する者がいない、他者の注意が行き届かない無人ＡＴＭを指定して手続きを行うように指示することもあるようです。

5．振り込め詐欺以外の特殊詐欺

先述の通り、近年横行している詐欺はこれだけではありません。嘘の有価証券について電話やダイレクトメールで情報を提供し、購入すれば利益が得られるものと誤信させて、現金をだまし取るのは、「金融商品等取引名目詐欺」です。また、競馬や競輪などのギャンブルの攻略法を教えると嘘の情報を提供して、会員登録料や情報料としてお金をだまし取るのが、「ギャンブル必勝法情報提供名目詐欺」です。さらに、不特定多数の者が購読する雑誌に異性を紹介するという嘘の記事を掲載し、連絡してきた被害者に異性に関する嘘の情報を提供した上で、会員登録料や情報料としてお金をだまし取るのが、「異性との交際斡旋名目詐欺」です。他にも、震災、マイナンバー制度、オリンピックなど、その時々の社会情勢に付け込んだ詐欺も報告されています。

今後も、新しい手口が出てくることはほぼ間違いないでしょう。特殊詐欺の被害に遭ってしまった方への調査（警察庁、二〇一八）から、被害にあってしまった人のほとんどが特殊詐欺という言葉を知っていたということが分かっています。つまり、特殊詐欺に関する知識があったからと言って、必ずしも被害を防げるというものではないのです。しかし一方で、知識として特殊詐欺の手口を知っていることは、周りの人を救うことに役立つなど、有益であるようにも思います。もし皆さんの周りの人が、これまで挙げたようなだましの手口に遭遇していたら、ぜひ積極的に声をかけてください。それが未然の被害防止に役立つことでしょう。

二．被害件数から見る特殊詐欺の状況

前節では特殊詐欺の中でも特に振り込め詐欺を中心に、その手口を見てきました。本節では、これまでに挙げた詐欺がどのくらい起こっているのか、被害状況を見てみましょう。その前に、少し考えてみましょう。

【クイズ】平成三十年の特殊詐欺の年間被害額は、全国でどのくらいでしょうか？

約一億円　　約五〇億円　　約一〇〇億円　　約三五〇億円

のいずれかから選んでください。

以下では、特殊詐欺の被害状況に触れながら、この質問の答えを示したいと思います。

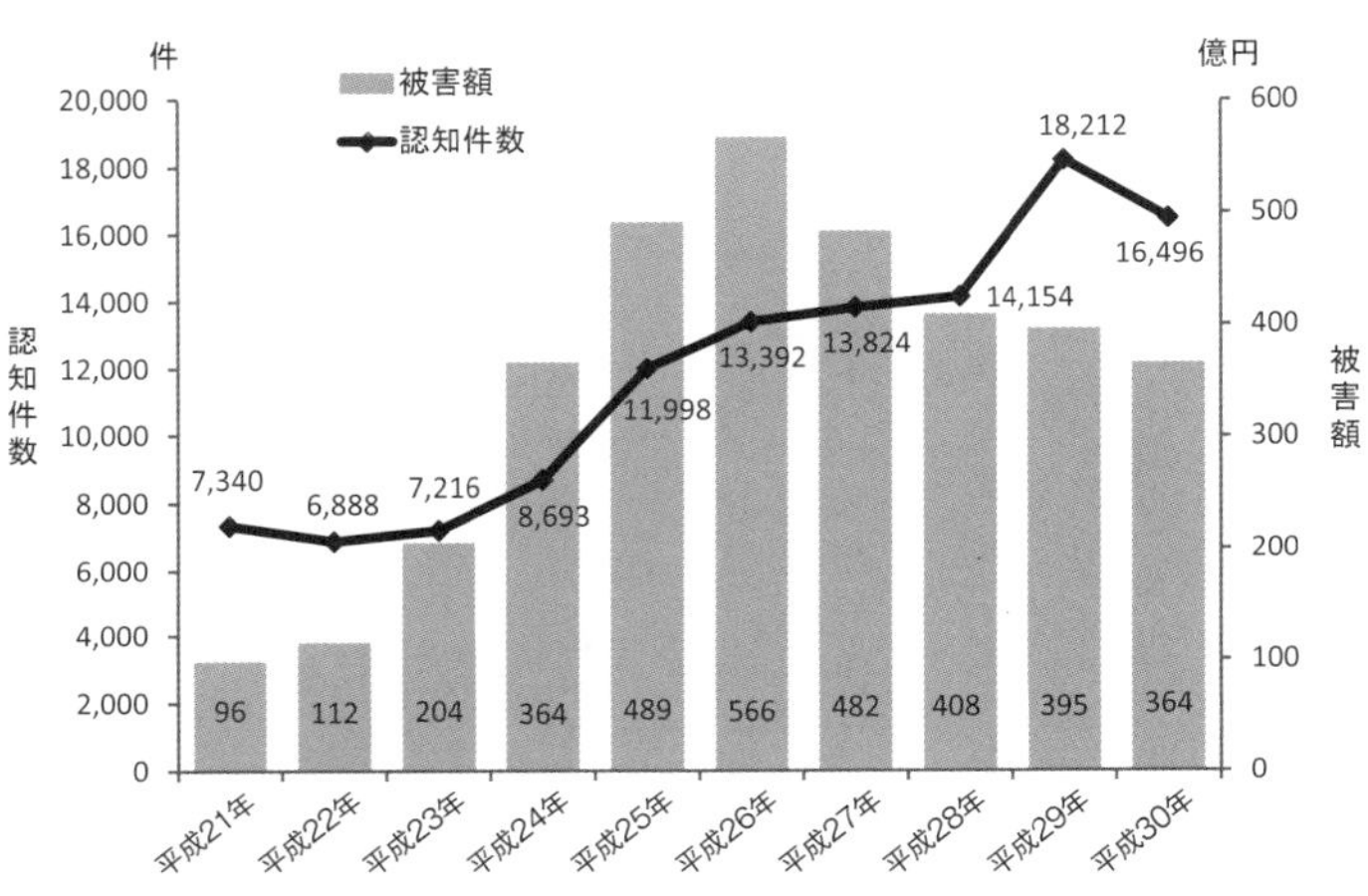

図表2　平成21年以降の全国における特殊詐欺の認知件数と被害額

（一）被害件数はどれくらいか?

まず、全国での特殊詐欺がどのくらい発生しているのかを見てみましょう。警察庁の統計（警察庁、二〇一八）に基づいて、図表2に平成二一年以降の特殊詐欺の認知件数を示しました（認知件数とは、警察が事件の発生を認めた数のことを言います）。図表2の通り、特殊詐欺の認知件数は、平成三〇年だけで一六、四九六件に上ります。これは平成二一年の七、三四〇件に比べると二倍以上にあたります。平成二九年から平成三〇年にかけて、認知件数はやや減少していますが、長期的に見れば増加していることが分かると思います。

次に、宮城県内での被害状況についても見てみましょう（図表3）。左右の軸の目盛が全国とは異なりますので注意をしてください。宮城県内の特殊詐欺の認知件数は平成三〇年では年間一二三七件でした。全国のトレンドと同じように、平成二一年の一二六

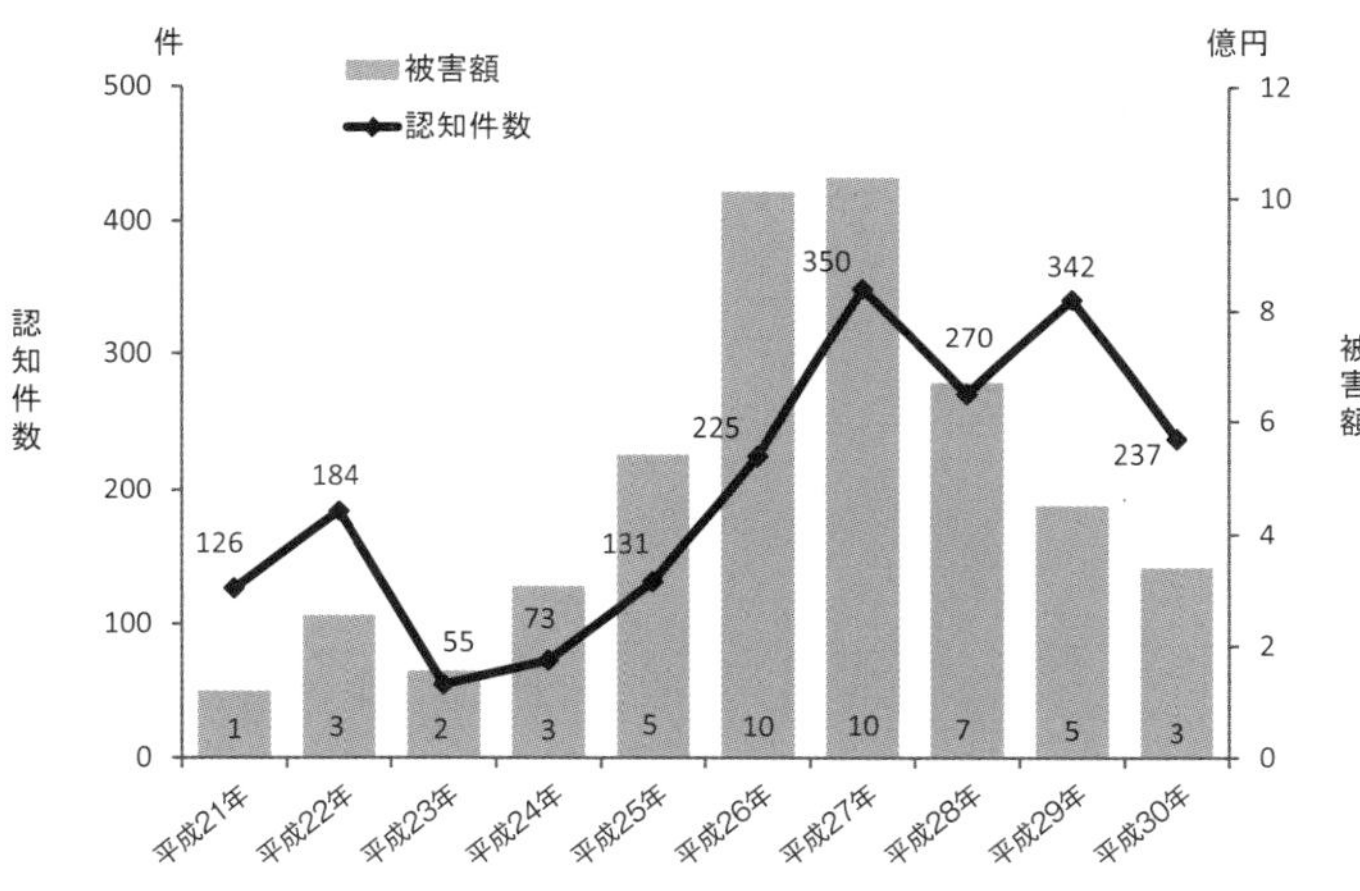

図表3　平成21年以降の宮城県における特殊詐欺の認知件数と被害額

件に比べると二倍以上にあたります。同様に、宮城県内でも平成二九年から平成三〇年にかけて認知件数はやや減少していますが、長期的に見れば増加していることが分かると思います。したがって、全国と宮城県では多少のずれはあるものの、特殊詐欺の認知件数はおおむね増加傾向にあるといってよさそうです。

(二) 被害額はどれくらいか?

次に、被害額についても見てみましょう。これも、警察庁の統計（警察庁、二〇一八）に基づいて、図表2に平成二一年以降の特殊詐欺の被害額を示しました。この図から見ると、先ほどのクイズは、約三五〇億円が正解です。もう少し正確に言うと、平成三〇年の年間総被害額は約三六四億円に上ります。そう言われても、実感がわかないと思います。身近な例と比べると、宮城県大崎市の平成三〇年の一般会計歳入（一般会計歳入は、簡単に言うと、一般的な行政を行うための市の収入です）総額が約六七七億円です。ですから、大崎市の一般会計総額の半分以上が、全国で特殊詐欺犯にだましとられているのです。

なお、宮城県内の被害額を見てみると、平成二六年の約一〇億円をピークに、この数年間は減少傾向にあり、平成三〇年には約三億円まで減少しています（図表3）。これはピーク時の三分の一程度まで減少してきていることを意味しています。しかし、それでも宮城県の一県で三億円を超えているという現状は、決して看過できるものではありません。

さて、ここまでお読みになってくださった方には、認知件数と被害額の経年変化を見て、両者の様子が少し異なっていることにお気づきになられたと思います。先に示した通り、認知件数はこの約一〇年間概ね右肩上がりでしたが、被害額は平成二六年頃をピークに、この数年は減少しています。このように、認知件数と被害額とが異なった状況にあるのは、手口が関係しているものと考えられます。つまり、一件当たりの被害額が大きければ、認知件数が少なくとも被害額が増加し、逆に一件当たりの被害額が小さければ認知件数が多くとも被害額が減少するというわけです。近年では、特殊詐欺に対して社会の認識が厳しくなり、関係機関も様々な対策を講じ始めています。そのため、高額を狙って少数をだます手口から、少額を狙って多数をだます手口に変化してきているのかもしれません。

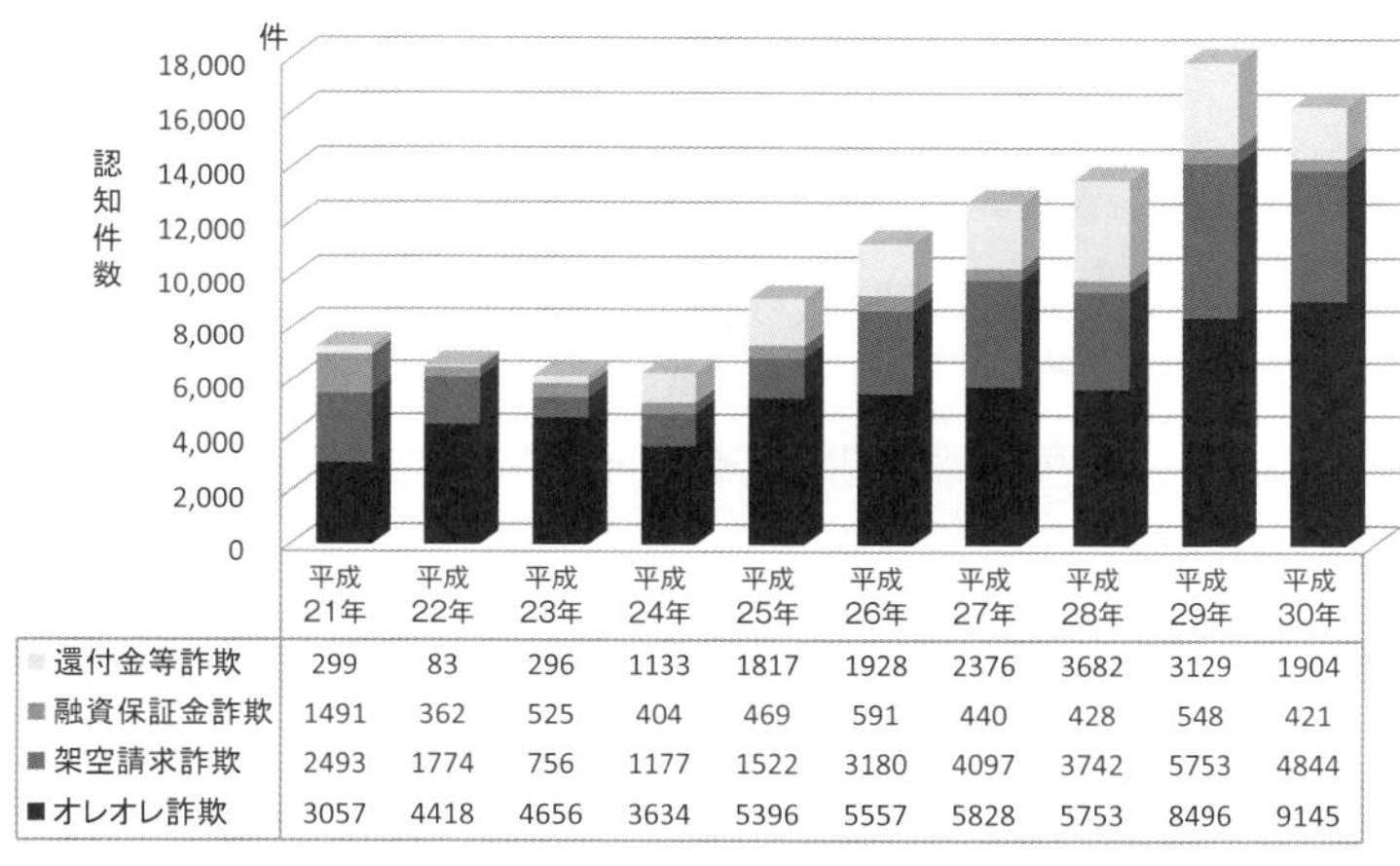

	平成21年	平成22年	平成23年	平成24年	平成25年	平成26年	平成27年	平成28年	平成29年	平成30年
還付金等詐欺	299	83	296	1133	1817	1928	2376	3682	3129	1904
融資保証金詐欺	1491	362	525	404	469	591	440	428	548	421
架空請求詐欺	2493	1774	756	1177	1522	3180	4097	3742	5753	4844
オレオレ詐欺	3057	4418	4656	3634	5396	5557	5828	5753	8496	9145

図表4　特殊詐欺（振り込め詐欺）の手口別認知件数

(三) どのような手口が多いのか？

ここまで、特殊詐欺の全般的な被害状況を見てきました。この節では、少しだけ踏み込んで分析してみましょう。まず、振り込め詐欺として説明をしてきた四つの詐欺（「オレオレ詐欺」、「架空請求詐欺」、「融資保証金詐欺」、「還付金詐欺」）で、どれが一番手口として多いのでしょうか。それを示したのが、警察庁の統計（警察庁、二〇一九）から示した図表4です。図を見れば一目瞭然ですが、「オレオレ詐欺」だけで半数以上を占めます。また、「架空請求詐欺」と「オレオレ詐欺」だけで全体の約八六パーセントを占めるわけですから、ほとんどがこの二つの手口であるといえるでしょう。なお、実はこの数年間還付金詐欺もじわじわ増えつつあったのですが、平成二九年頃からやや減少してきています。

次は、被害金の交付形態から認知件数を見てみましょう。これも警察庁の統計（警察庁、二〇一九）か

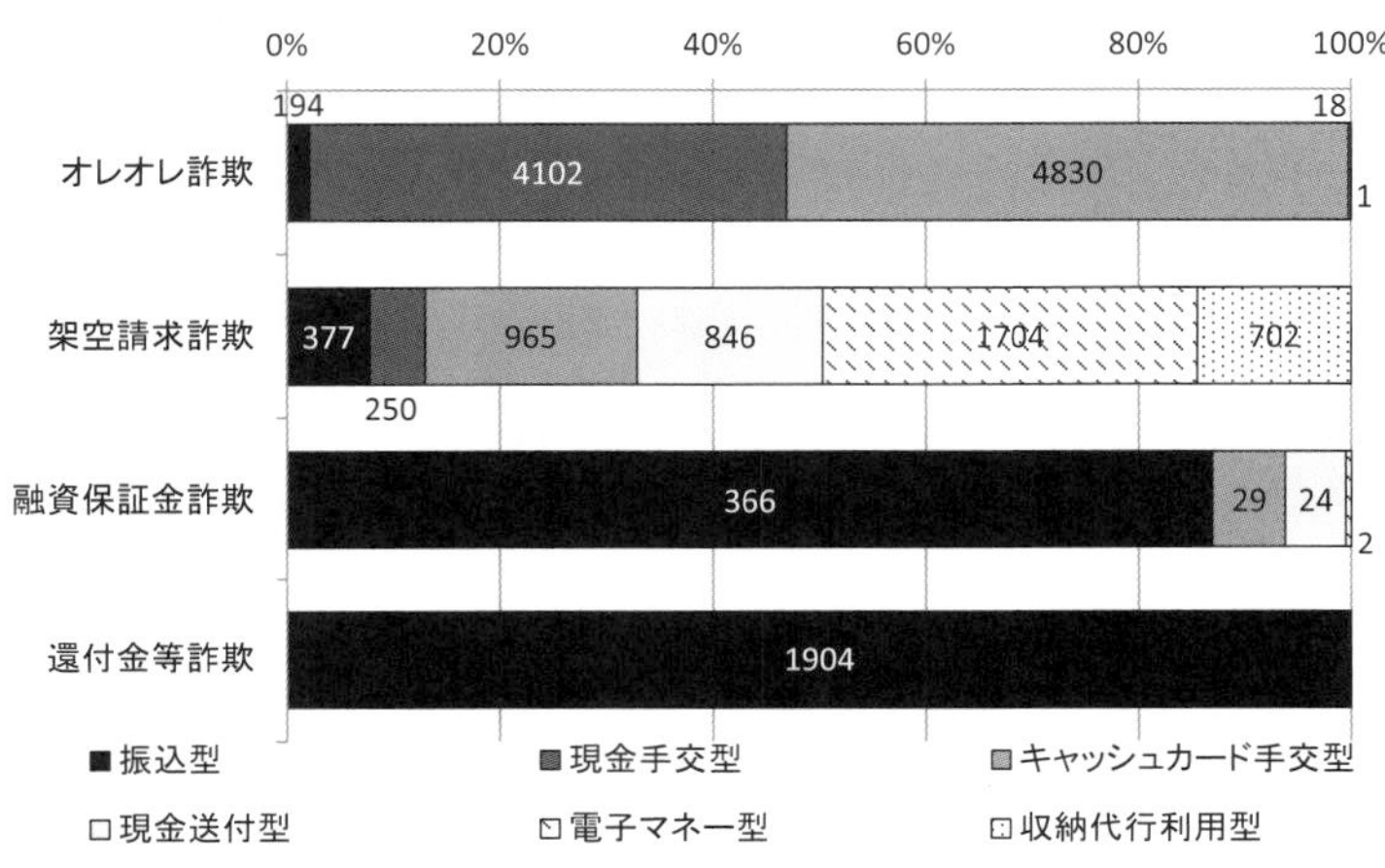

図表5　被害金の交付形態ごとの認知件数（表内の数値は件数）

ら図表5を示しました。「融資保証金詐欺」や「還付金等詐欺」は、その手口からATMによる振込型が圧倒的に多い状況です。一方、「オレオレ詐欺」に関しては、現金手交型とキャッシュカード手交型がおおむね半数ずつとなっています。先に示した通り、近年、金融機関などでは高齢者が高額現金を下ろすことを警戒する傾向があり、その分自宅にてキャッシュカードを直接だまし取る手口が増えたというのが現状でしょう。「架空請求詐欺」に関しては、電子マネー型がやや多いものの、それぞれの手口がほとんど同様に用いられていることが見て取れます。

(四) どのような人が被害に遭っているのか？

ここまで、認知件数や被害額などの統計的数値に基づいて、特殊詐欺の状況を見てきました。最後に、どのような人が被害に遭っているのかを理解するために、警察庁が公表しているデータ（警察庁、二〇一

	男(%)	女(%)
19歳以下	0.2	0.2
20～29歳	1.4	2.0
30～39歳	1.2	1.8
40～49歳	1.4	2.4
50～59歳	2.2	3.7
60～69歳	4.9	10.3
70歳以上	12.4	55.9
合計	23.8	76.2

図表6. 被害者に占める年齢層と性別との割合

九)から、性別と年齢を軸にした図表6をお示しします。これは、平成三〇年の一年間に特殊詐欺の被害に遭った方を、年齢と性別ごとに計数した表です。表を見ていただくと、七〇歳以上の女性の割合が突出して高いことがお分かりになると思います。次いで、七〇歳以上の男性、六〇代女性と割合が高くなっています。この理由としては、図表6には示していませんが、「オレオレ詐欺」被害の約八割が七〇歳以上の女性である点が数値を押し上げているようです。逆に、「融資保証金詐欺」や「架空請求詐欺」では、こうした傾向はほとんど見られません。

なお、注意していただきたいのは、これはあくまでも被害に遭われた方の集計結果ですので、この数値をもって、七〇歳以上の高齢者が狙われていると結論づけることは尚早であるということです。人口の母数も異なりますし、そもそも被害を通報していない可能性もあります。また、犯人は年齢に関わらず満遍なくアプローチしているのかもしれませんし、この情報だけでは判断ができません。しかし、高齢の被害者が多いという実情は知って損はないように思います。なぜならば、被害を予防するためには、まずは正確な状況把握が第一歩となるからです。二〇二〇年に問題になった新型コロナウィルスなどの感染症対策を例にとるとわかりやすいと思いますが、そもそものような現状にあるのかわからなければ、対策のしようがないからです。「正しく知って、正しく恐れる」。これは病気でも犯罪でも同じことであろうと思います。

三．だましの手口からこころのカラクリを考える

ここまで、「だまし」の例として、近年問題となっている特殊詐欺について説明し、その現状を紹介してきました。ここからは、本題のだましの手口から、私たちの心のカラクリについて考えてみたいと思います。

一見、こんなにわかりやすい手口なのに、なぜ引っかかるのかわからない、と思われる方もいると思います。実際、これまでの統計では、オレオレ詐欺については、約九割以上が手口を知っていたのに被害に遭っているとの報告もあります（警察庁、二〇一八）。つまり、被害に遭った人も手口を知っていたし、ほとんどが自分は被害に遭わないと思っていたのです。ここには、私たちの心に秘められたいくつかの法則が関係しているように思います。以下では、この心の法則について考えてみたいと思います。

（一）わかっていてもだまされるのはなぜ？

それでは、わかっていてもだまされるのはなぜでしょうか。端的に回答するならば、完璧な人

図表7　チェッカー・シャドウ・イリュージョン
（http://persci.mit.edu/gallery/checkershadowより転載）

間などといったものはおおよそ存在しないからです。何をもって完璧とするかは難しいところですが、ひとまず他人の嘘をすべて見抜ける人間はいないとしておきたいと思います。一般の人はもとより、たとえ心理学者が最先端の手法や機器を用いたとしても、残念ながら他人の嘘を完全に見破ることはできないと考えられます。神様以外、他の人の嘘をいつでも完全に見破ることは難しいということですね。ということは、むしろ人間はだまされる生き物であると思っていただいたほうが、正しいのかもしれません。

また、私たちは必ずしも客観的に物事を捉えているわけではありません。どれだけ私たちが物事を客観的に捉えられていないかは、錯視を見てもらえればわかりやすいと思います。例えば、図表7を見てください。これはチェッカーシャドウ・イリュージョン（アデルソン、一九九五）と言われるものですが、図中のAとBのタイルは同じ色でしょうか？異なる色でしょうか？答えは、同じ色なのです。図中では同じ色に見えなくとも、周りの格子模様や円柱を取り除くと、不思議なことに同じ色に見えるのです。ここから言えることは、つまり、私たちは目の前にあるものをあるがままに見ているのではなく、様々な先入観や予想、思い込みを反映させて見ているということです。特殊詐欺に置き換えると、息子から電話がかかってきたという思い込みを持ってしまうと、多少声が違うと思っても、私たちの中では電話の相手は自動的に自分の息子になってしまっているのです。

先入観や期待を持つことが人の見方を変えてしまうことは、心理学の実験でも明らかにされています。例えば、ケリー（一九五〇）はこんな実験をしています。大学の講義に先立ち、初めて登壇する講師の人柄を記載した紹介文を受講生に配布し、あえて先入観や期待を持たせます。この時、ある条件の受講生にはその講師が温かい人柄であると伝え、もう一方の条件の受講生にはその講師が冷たい人柄であると伝えます。そして、先に紹介された講師の授業を両条件の受講生に一緒に受けてもらい、講師の行動を観察してもらうわけです。その上で、授業終了後に、その講師に対する印象を評定してもらいました。その結果、温かい人柄であると事前に伝えられた人たちよりも、冷たい人柄であると事前に伝えられた人たちのほうが、講師に対してより否定的な印象を持つことが分かりました。本来、講師の同じ授業を受けているのですから、こうした印象の差異は生まれないはずです。ところが、事前に先入観や期待を持たせると、それに沿った解釈を私たちがしてしまうことを、この実験は物語っているのです。このことが示唆しているのも、私たちは電話の相手が息子であるに違いないと先入観を持つと、そのあとは、当初の先入観に沿った解釈をしてしまうということです。

(二)守ってあげたくなる心理を操られる

特殊詐欺の中でも、特に「オレオレ詐欺」に関しては、私たちが他の人を守ってあげたいと思う心の法則を巧妙についた詐欺であると言えます。どういうことでしょうか。つまり、犯人は他者を守ってあげたいと思う気持ちを私たちに喚起するように仕向け、それに沿った行動をさせるように巧妙に罠を仕向けてしているのです。これを理解するためには、ロジャース(一九八三)が提案する防護動機理論(protection motivation theory)という理論を知ることが役に立ちます。防護動機理論では、私たちが他者を助けたいと防護動機を働かせる背景には、脅威評価と対処可能性評価が関与していると考えます。

脅威評価とは、その事態から得られる内的報酬や外的報酬から、事態の深刻度とその事態の生起確率を引いたものであるとされます。すなわち、その事態から享受している利益よりも、深刻な事態の発生確率を高く見積もるほど、その事態は自分にとって脅威であると評価されるわけです。一方、対処可能性評価は、反応効果性や自己効力感から反応コストを引いたものであるとされます。反応効果性とは対処行動の効果を表し、自己効力感とはその行動を自分ができると思う程度です。そして、反応コストとはその行動のコストを意味しています。すなわち、脅威への対処行動が効果的であり、その行動は自分にも容易にできて、コストも低いと見積もるほど、対処可能性が高いと評価されるわけです。そして、この脅威評価と対処可能性評価によって防護動機が高まるほど、防護動機に沿った相手を守ろうとする行動が起こりやすくなるわけです。つまり、危機的な状況が差し迫っていて、その危機的状況に効果的に対処する術が示されると、特に自分にとって重要な相手ほど守ってあげたいという防護動機が働きやすくなり、結果的に行動に至ってしまうというわけです。

これを、息子を騙る「オレオレ詐欺」に置き換えて考えてみましょう。まず、脅威評価については、犯人は息子が深刻な事態に既に置かれていること（深刻度が高く、生起確率が高い）を強調してきます。例えば、「会社の金を使い込んでしまって、それを今すぐ返済しないと訴えられて会社をクビになる……」といった具合です。それに加えて、私たちにとって、息子を助けないことの内的報酬や外的報酬がそれほど重要でないことは、一般的な親を考えれば想像に難くありません。すると、内的・外的報酬に対して、深刻度や生起確率が高く評価されますので、犯人のだましに対して事態を脅威であると強く認識し、不安を強く感じてしまうわけです。

それに対して、対処可能性評価のほうでは、犯人は必ず明確な対処行動を示します。「一〇〇万円あれば、使い込んだお金を弁済できる。だから一〇〇万円をかしてほしい」といった具合です。この時、犯人が厄介なのは、反応効果性や自己効力感、反応コストを微妙に調整してくるところです。反応効果性に関しては、例えば「一〇〇万円さえ弁済すれば、今回はクビにしないと上司が約束してくれている」などのように、対処さえすれば確実に効果があることを強調してきます。また、自己効力感については、例えば「頼めるのはかぁーちゃんしかいないんだよ…」といったように、「私しか助けてあげられない」という感覚をくすぐるような言い訳をしたり、「お金を貸してくれるだけで大丈夫だから…」といったように、手間がかからないことを強調したりしてきます。さらに、反応コストに関しては、「一〇〇万円さえ用意してくれれば、こちらからとりに行くよ。お金も後で返済に行くから。」といったように、支払いが可能な水準の額で、お金さえ準備すれば良いというように、コストが少ないということを強調するわけです。そうすると、効果が高く、自分にも簡単にできて、行動のコストが少ないと認識することになるわけですから、結局、対処可能性の評価を高く見積もることにつながるのです。

これまで防護動機理論の観点から、「オレオレ詐欺」を考えてみました。やや複雑なので、わかりにくい部分があると思います。「わかりにくいぞ」と思われた方のために、ごく簡単に言ってしまえば、何が脅威であるかという情報を伝えて不安をあおるのと同時に、安心を得るためにはどうすることが効果的かを伝えることで、被害者を行動に至らしめようというのが「オレオレ詐欺」であるということです(図表8)。つまり、不安と安心をセットにすることで、行動を起こさせようとする手口なのです。私たちにとって、不安を抱えて生きていくことがどれほどつらいかは、多くの人が経験的にわかることと思います。「オレオレ詐欺」とは、そうした人間の心の法則を狡猾に利用した犯罪なのです。

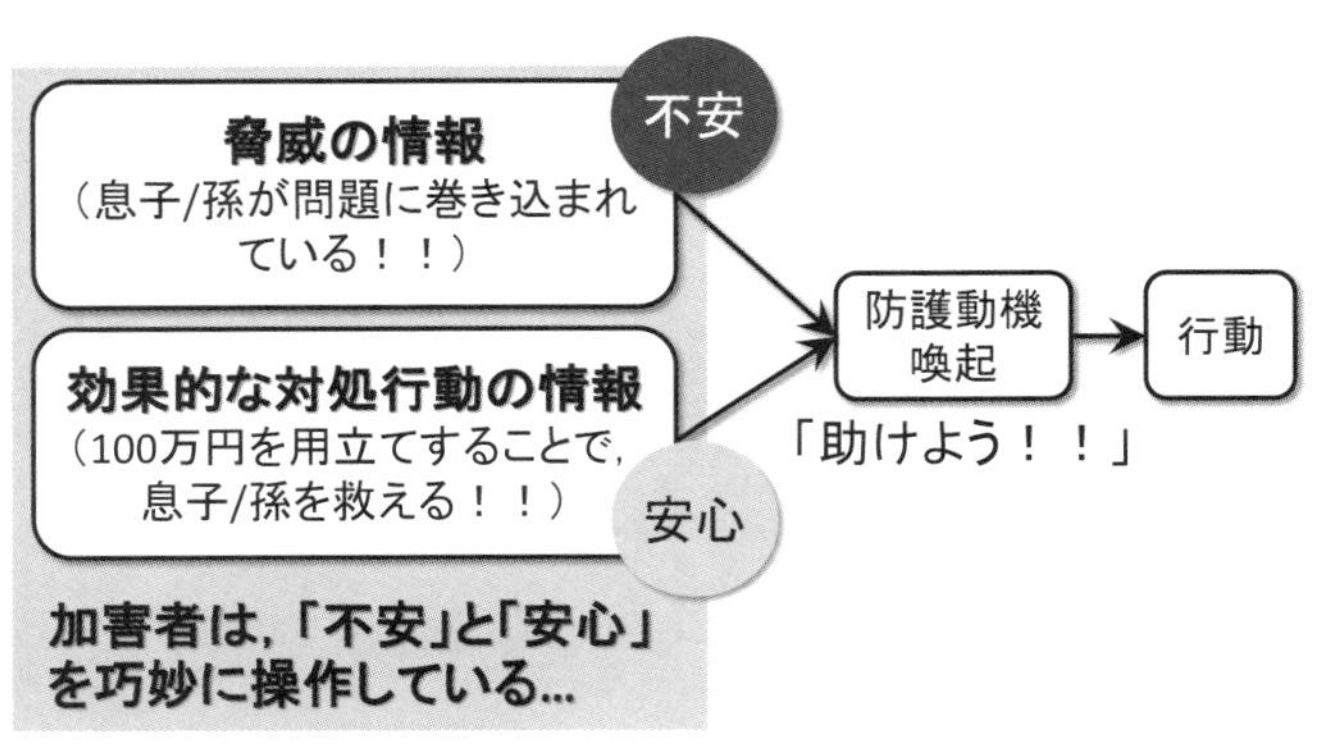
脅威の情報
（息子/孫が問題に巻き込まれている！！）
不安
効果的な対処行動の情報
（100万円を用立てすることで，息子/孫を救える！！）
安心
防護動機喚起
行動
「助けよう！！」
加害者は，「不安」と「安心」を巧妙に操作している…

図表8　他人を守りたいと思う心理を煽られる

(三) だまされる思考プロセス

次に取り上げるのは、だまされる思考プロセスです。だまされる思考プロセスというと、やや違和感がありますが、つまりはだましに遭っている最中に頭の中ではどのような思考プロセスが展開されているのかということです。あとから考えれば、「なんであの時信じてしまったのだろう」と思うことがあるかもしれません。あるいは、第三者から見たときに、「なんでそんなに怪しい電話を信じるのか」と疑問に思う人もいるでしょう。こうした疑問に答えるために、だましに遭っている最中の思考について考えてみようというわけです。

1. システマティック処理とヒューリスティック処理

このテーマを取り上げるために知ってほしいのが、犯人が私たちをだまそうとする過程は、説得の過程であるということです。この場合の説得は、私たちが一般的に「他人を説得する」という時の説得と同じです。犯人は、あの手この手を使って、私たちにお金を出させようと試みますが、それは非強制的な文脈で、主に言語的なコミュニケーションを用いて私たちの態度や行動を変えようとする試みなのです。

このように特殊詐欺がある種の説得であるとした上で、思考プロセスを考えてみましょう。私たちが説得を受ける時の思考プロセスには、二つのモードがあることが分かっています。システマティック処理とヒューリスティック処理です。私たちは日々、いろんなことを決めながら（意思決定しながら）生きていますが、こうした意思決定をする際に、システマティック処理とヒューリスティック処理とを駆使しているのです（チェイキン、一九八〇）。

この内、システマティック処理とは、説得内容を十分に吟味した上で、説得を受けるかどうかを決める思考モードです。例えば、「相手が伝えようとしていることは何か」とか、「相手が言っていることは本当だろうか」とか、「言っていることの根拠は確かだろうか」など、相手が伝えるメッセージを詳細に吟味した上で意思決定をするような思考モードです。システマティック処理は、一つ一つの情報を詳細に検討していきますので、安易に行動に至ることは少なく、だまされにくい思考形態であると考えられます。その一方、相手の言説を一つ一つ詳細に検討していきますので、意思決定をするまでのコストが非常に高いのが難点です。私たちの思考形態がシステマティック処理だけだったら、時間的にも、体力的にもコストがかかり過ぎてとても日常生活を送れません。そこで、こうしたコストを最小化するために重要になってくるのが、ヒューリスティック処理です。

ヒューリスティック処理とは、相手の伝えるメッセージ内容の詳細はそれほど十分に吟味せず、周辺的で表面的な手掛かりで説得を受けるかどうかを決める思考モードです。例えば、「息子からかかってきた電話だから本当に違いない」とか、「弁護士や警察官が言っているのだからすぐに行動したほうが良い」とか、「〇〇銀行が融資してくれるのだから、だまされるわけがない」など、ヒューリスティック処理では、相手が伝えるメッセージよりも、情報源の特徴など周辺的な手掛かりが意味を持ってくるのです。つまりは、これを言っている人は信頼できるか、あるいは権威があるか、魅力的か、といったことで意思決定されるということです。ヒューリスティック処理は、過去の経験や観察などから作成されたルール（これをスクリプトやスキーマと言います）を活用した判断をしていきますので、コストパフォーマンスにとても優れています。つまり、逐一考えなくても、ある程度自動的に判断できてしまうので、日常生活を効率的に送るためにはなくてはならない思考モードなのです。しかし、一方で、ここに落とし穴があるわけです。ヒューリスティック処理は、相手が伝えるメッセージの内容をあまり詳細には吟味しません。ですので、それが嘘の内容であれ、相手が信じられると思えば、簡単に行動を起こしてしまうのです。日常生活を不自由なく送るにはなくてはならない思考形態なのですが、だましに対して脆弱な思考モードでもあるのです。

ここまで、システマティック処理とヒューリスティックス処理について、説明をしてきました。何だか難しい話だなあと思われる方もいると思います。そうした方に向けて誤解を恐れずに言えば、システマティック処理はよく考えて判断する場合、ヒューリスティック処理はぱっと見で直観的に判断する場合と考えていただいても良いかもしれません。

2. ヒューリスティック処理を仕向ける罠

だましをしようとする犯人は、相手のシステマティック処理を停止させ、ヒューリスティック処理をさせるように仕向けてきます。その常套手段の一つが、相手を困惑させる罠であると考えられます。相手を困惑させるというより、難しいことを矢継ぎ早に伝えて、システマティック処理の限界を超えさせるといったほうが良いかもしれません。今すぐに判断しなくてはいけないという状況で、相手が言っている内容が難しくてシステマティック処理ができなければ、ヒューリスティック処理をせざるを得ません。例えば、医療費の還付金があると言って、その制度をあえて難しく説明します。説明されるほうは、突然電話がかかってきて難しい説明をされる一方、「今すぐに行動すればまとまったお金が返ってくる」と言われれば、よくわからなくても「市役所の人が言うことなら、そうに違いない」と思ってしまってもおかしくありません。

もう一つの常套手段が、相手をパニックに陥れる罠です。先述の通り、システマティック処理は一つ一つを詳細に検討するコストの高い処理であるため、心の余裕(これを認知的資源と言います)が必要になります。心の余裕がない状態で、意思決定をせざるを得ない場合、システマティック処理をしている余裕はありませんから、ヒューリスティック処理に頼らざるを得ません。つまり、相手をパニックに陥れて心の余裕をなくさせ、結果的にヒューリスティック処理をさせるように仕向けるのです。例えば、突然息子から電話がかかってきて、「今すぐにお金を用意しないと、会社をクビになる」と泣きながら言われれば、誰でも不安になってパニックになるでしょう。それを犯人は狙っているのです。

さらに厄介なのは、心の余裕をなくさせるために、犯人は様々な罠を仕掛けてくることです。そうした罠の一つ目が、罠の一つ目が、恐怖感情や脅威認知を煽ることです。これは先に示した防護動機理論にも通ずるところがあります。恐怖感情や脅威認知を煽ることで、被害者の冷静な思考を妨害しようとするわけです。二つ目は羞恥心です。特に、「架空請求詐欺」などで用いられますが、誰にも相談できないようなことに言及して羞恥心を喚起することで、これまた冷静な思考を妨害しようとするわけです。それと同時に、羞恥心を喚起することで他者への相談を妨害することにもなります。三つ目は、時間的切迫性を強調することです。時間的切迫性は、いずれの手口でも強調される点です。「時間が限られている」、「とにかく、時間がない」、ということは人を焦らせます。焦らせることで、冷静に考えるシステマティック処理を妨害し、ヒューリスティック処理をするように仕向けるわけです。そして四つ目は、権威性の強調です。普段、あまり接点がないような弁護士、警察、医師などから電話がかかってくれれば、どんな人でも焦りを覚えます。また、権威性を強調することで、恐怖や脅威を喚起することにつながるかもしれません。こうして複合的に相手をパニックに陥れるために、権威性が強調されるわけです。それとともに、権威性には別の役割もあります。つまり、ヒューリスティック処理では、メッセージの内容よりも、周辺的な手掛かりによって行動が影響されますので、権威ある人が登場することで、「権威ある人が言うなら間違いない」という直観的な判断を下させてしまうのです。

このように、特殊詐欺犯は恐怖や脅威、羞恥心、時間的切迫性、そして権威性を巧妙に操ることで、相手をパニックに陥れることを狙っているわけです。そして、相手をパニック状態にすることで、システマティック処理を妨害し、ヒューリスティック処理を用いるように罠を仕掛けているわけです。パニック状態になると、冷静な思考ができなくなることは、犯罪のみならず、災害や事故などの場面でも同様です。つまり、特殊詐欺は人間に普遍的な思考プロセスを巧妙に用いた卑劣極まりない犯罪なのです。

(四) 思考の偏りの落とし穴

ここまで、いくつかの心のカラクリについてみてきました。次に、私たち自身の思考の偏り(これを認知バイアスと言います)の落とし穴についてみていきましょう。私たちは、「自分には悪いことは起こらない」と考えたり、「あり得ない」という先入観や考えから、危機的な状況にあっても正常の範囲だと考えたりしてしまう心の法則を持っています。これらはけっして異常なことではありません。私たちが、日々安心して生活できるのは、自分が安全な状態に置かれていると信じられるからです。そうでなければ、いつでも自分の身を案じ、ひと時も気の休まらない生活を送らなくてはなりません。ここで取り上げるのは、そうした私たちに備わった自己防衛のための思考の特徴が、時に詐欺の被害を助長してしまう可能性があるということなのです。

１．楽観バイアス

ウェインスタイン（一九八九）によれば、私たちには、他の人と比べて、自分には悪いことは起こりにくいと考える思考の偏りがあるそうです。逆に幸せな出来事は、他の人よりも自分に起こりやすいと考える思考の偏りでもあります。警察庁の被害者を対象とした調査によれば、特殊詐欺の被害に遭った人の約八割が、「自分は被害に遭わないと思っていた」と回答しています（警察庁、二〇一八）。まさに、楽観バイアスの所業です。楽観バイアスを働かせると、自分は犯罪の被害に遭わないと思いやすく、結果的にリスクの推定を誤ってしまうことになるのです。つまり、「他の人はともかく、まさか私が被害に遭うことはないだろう」と楽観的に考える傾向が、犯罪の被害に遭う可能性を高めているのです。

２．正常性バイアス

この思考の偏りは、予期せぬ事態に遭遇した時に、「あり得ない」とか、「まさか、自分は大丈夫だろう」とか、「これは正常の範囲内だ」などと事態の異常性を誤って捉えてしまう思考の偏りです。正常性バイアスは、災害などで特に問題視されています。例えば、津波がやってきているという情報を得たとしても、「自分は大丈夫だろう」とか、「まさか、自分のところまでは来ないだろう」など正常性バイアスが働くため、逃げ遅れてしまうことがあるのです。これは、特殊詐欺でも同様で、例えば、今まさに特殊詐欺の犯人から電話がかかってきていても、「まさか私は大丈夫だろう」とか、多少電話の声がおかしくても「この電話の声は息子の声に違いない」などと、事態の異常性を否定して、正常の範囲内だと考えてしまうのです。結果的に、被害に遭っているにもかかわらず、疑うことをせずに被害への道を進んでしまうことになるのです。

3．確証バイアス

私たちは、自分が正しいと考えたことはなかなか否定できません。なぜならば、私たちは、自分がある考えや仮説を抱いてしまうと、それが「正しい」と示す方向の証拠を重視し、またそれが「正しい」と示す情報ばかりを収集してしまうからです。逆に言うと、自分の意見に反する情報は軽視や無視してしまう傾向があるのです。こうした、自分の意見に合致する情報を重視し、意見に反する情報を軽視や無視する思考の偏りを、確証バイアスといいます。確証バイアスは、自分の行動を自己正当化し、後悔を回避したい心理が働くために生じると考えられています。

このバイアスも、特殊詐欺の被害に関わっていると考えられます。例えば、一旦、「この声は、息子に違いない」と信じてしまうと、おかしな点や矛盾した点には気づきにくくなってしまう、あるいは気付いたとしても軽視や無視してしまうのです。また、他者の否定的な意見（例えば、「その電話、今、問題になっている特殊詐欺じゃない？」）を受け入れにくくなってしまうことも考えられます。こうして、一旦被害の道を進むと、被害への道から離脱しにくくなってしまうのです。

（五）行動を始めると後戻りしにくい！

最後に、私たちは一旦行動を始めると後戻りしにくい点にも言及しておきましょう。心理学では、これを一貫性原理とも言います。私たちには、ひとたび決定を下したり、ある立場をとったりする（これを、その事象に「コミット」すると言います）と、それと一貫した行動をとるように強く動機づけられることが知られています。なぜこのような原理が働くかというと、複雑な社会で生活を営む上での「思考の近道」になるからです。つまり、とにかく行動が一貫している限り、あれこれ嫌なことを考えなくて済むのです。また、一貫した行動をしている限り、「不快な結果」から目を背けることもできます。つまり、簡単に言えば、行動が一貫している限り頭を使わなくて済むからなのです。

この原理を特殊詐欺において考えると、電話を受けて、銀行でお金をおろすために印鑑と通帳を探し始めた時点で、後戻りできない一本道を歩き始めているようなものなのです。つまり、電話を受けて、その事象（例えば、「息子を助ける」）にコミットしてしまうと、一貫性原理が働きますので、自分の行動を一貫させようとする方向に、知らず知らずのうちに動機付けられてしまうのです。被害者に対して、時々「なんで、途中でおかしいと気づかなかったの？」と言われる方がいますが、それは無理なのです。きっと、そう言っているその人自身も、もしその状況に置かれたら、途中で気づいて行動を修正することはとても難しいはずです。なぜなら、私たちは皆、行動を一貫させたいからです。これに加え、先に示した通り、確証バイアスという落とし穴まで用意されていますので、ますます自分で自分の行動を修正することが難しくなってしまうわけです。

四．おわりに

ここまで、特殊詐欺をテーマに、私たちの心のカラクリについて見てきました。本稿の結びとして、どのようにすれば被害を予防できるかについても考えてみたいと思います。最初に断わっておくと、著者は一つの予防策や対策で詐欺を防ぐことは、現状では難しいだろうと考えています。つまり、残念ながら、「この対策をおこなったら安全だ」という絶対的な対策はないということです。それだけ、特殊詐欺は狡猾な犯罪であり、卑劣な犯罪でもあるのです。しかし、一つの対策で被害を防ぐことができなくても、対策を複合的に用いることで被害のリスクは大幅に削減できるとも考えています。

（一）特殊詐欺を阻止するための三時点

まず、特殊詐欺被害を予防するために知っておきたいのは、どのタイミングで犯行を阻止するかということです。これを考えるのは、端的に言えば、電話がかかってくる前と電話を受けてしまった後では対策を変える必要があるからです。この点について、科学警察研究所の調査（島田、二〇一九）などを参考に考えると、犯行を阻止するには三つのタイミングがあると思われます。第一のタイミングは架電時です。つまり、電話を受けたタイミングです。ここで気づけるかどうかが最大のポイントになると思います。第二のタイミングは、電話を受けてだまされてしまった後、家族や第三者が気づけるかどうかです。そして、第三のタイミングは、（金融機関で引き出しがある場合には）金融機関の窓口での水際対策です。先の一貫性原理からすれば、阻止のタイミングが後になればなるほど、阻止するのが難しくなると思っていただいたほうが良いかもしれません。つまり、いかに第一のタイミングで気づけるかが鍵になります。

（二）どのような対策が考えられるか

それでは、各タイミングでどのような対策が考えられるでしょうか。第一のタイミング（架電時）で考えられるのは、とにかく怪しい電話はとらないことでしょう。犯人からのアプローチを遮断すれば、そもそも被害が起こらないという発想です。こうした点を考慮して、現在では常時留守番電話機能を設定することが推奨されています。留守番電話機能にすることで、怪しい電話と必要な電話を区別し、必要な電話にだけ出たり、かけなおしたりすることで安全を確保できるというわけです。ただ、問題点は電話に出ることが一般的な人にとって、留守番電話機能を常時設定することはハードルが高いと考えられる点です。電話は出るため（すぐに話をするため）にあるものという認識がある場合、留守番電話機能を常時設定することには抵抗があるでしょう。この問題をいかに解決するかが今後の課題となりそうです。また、怪しい電話と安全な電話を区別するために、例えば、事前に家族と合い言葉を決めておくことなども考えられます。さらに、ある電話が怪しいかどうかを判断するためには、当然、詐欺の知識をある程度持っておくことも必要です。

また第一のタイミングで考えられるのは、ヒューリスティック処理に陥らない工夫です。「心に余裕をもつことが重要」と言いたいところですが、そう簡単に心に余裕が持てるものではありません。そうした場合、例えば、電話でお金の話があった場合には、必ず誰かに話をするという取り決めをしておくとか、高額なお金をおろす場合にはお金を簡単に引き出せないようにいつもとは違う行動手順を決めておくとか、どのような手段でも、一息呼吸を置くことが重要になると考えられます。焦れば焦るほど、犯人の思うつぼですから、とにかく強制的にでも行動を始めるまでに時間をかけることが重要になってくるわけです。

次に、第二のタイミング（電話を受けて行動を始めてしまった後）についてです。この段階では、本人の意思で止めようとすることは、難しい場合が出てくると思います。もちろん、途中で「おかしいぞ」と気づくこともあるとは思いますが、その可能性はあまり高くないように思われます。そうであれば、第三者、特に家族や親族、親しい友人、地域の見守り手の共助による対策が重要な意味を持ちます。例えば、定期的に家族と連絡を取るようにするとか、家族がいない場合には民生委員や友人でもとにかく他者との関わりを維持するとか、何か変わったことがあったら気づいてもらえるようなセーフティネットを維持しておくことが必要になると思われます。逆に、家族や地域の見守り手の側でも、共助のためにも積極的に関係を維持することが求められるところです。

最後に、第三のタイミング（金融機関などの水際対策）についてです。この段階まで来ると、本人の意思で行動を変えることはもとより、他者からの働きかけによって踏みとどまってもらうこともかなり難しい可能性が出てきます。そう考えると、ハード面での対策が必須です。すでに、大手金融機関では、ＡＴＭからの現金引き出しに一定の制限を設けているところもあります。あるいは、窓口で高額現金を下ろす場合には、積極的に行員が確認するような取り組みもなされています。さらに、金融機関と警察機関との連携なども行われ、疑わしい場合に警察官が銀行に駆けつけてくれたという事例も見られます。あるいは、行動経済学のナッジ理論を応用して、被害に関連するアーキテクチャ（構造や構造物）を変えるなども考えられます（ただし、これはどちらかというと後述するインフラ整備に含まれるかもしれません）。なお、ナッジ理論とは、さりげなく働きかけることによって、人の行動を導く（誘導する）ことを提案する理論です。

以上のように、それぞれのタイミングで行うことのできる対策は異なります。また、ここに挙げた対策が全てなのではなく、各自に合った対策を考えることが必要です。いずれにしても、重要なのは各段階の対策を重層的に配置することです。もし、自分が被害に遭う不安を覚えるようであれば、自分のセーフティネットを確認してみるとよいでしょう。

一方、社会の側にもより一層の対策が求められます。例えば、被害を予防するようなインフラの整備が求められます。具体的には、架空口座、携帯電話の転売など、犯罪を助長するようなインフラを排除することが考えられます。あるいは、すでに取り組みが始まっているようにＡＩを用いて、通話内容から特殊詐欺かどうかの判定をするような仕組みを構築することも考えられるでしょう（ただし、判定のために通話内容を知る必要があるため、プライバシーの問題を解決する必要があります）。

さらに、インフラ整備だけではなく社会問題に取り組むことも重要です。例えば、孤独社会ともいわれるように人的ネットワークが希薄になりつつありますが、こうした問題を解決することも、巡り巡って特殊詐欺の被害防止に役立つでしょう。弱い立場の者から金品を搾取するような卑劣な犯罪がなくなることを目指して、社会全体での取り組みが求められています。

【参考文献】

Adelson, E. H. (1995). Checker Shadow Illusion. http://web.mit.edu/persci/people/ Adelson/Checkers Shadow_description.html MIT Website.（二〇二〇年二月一七日検索）

Chaiken, S. (1980). Heuristic versus systematic information processing and the use of source versus message cues in persuasion. Journal of Personality and Social Psychology, 39, 752-766.

Kelley, H. H. (1950). The warm-cold variable in first impressions of persons. Journal of Personality, 18, 431-439.

Rogers, R. W. (1983). Cognitive and physiological processes in fear appeals and attitude change: A revised theory of protection motivation. In J. T. Cacioppo & R. E. Petty (Eds.), Social psychophysiology. New York: Guilford Press. pp.153-176.

Weinstein, N. D. (1989). Optimistic biases about personal risks. Science, 24, 1232-1233.

警察庁（二〇一三）『平成二五年版警察白書』 日経印刷

警察庁（二〇一八）『オレオレ詐欺被害者等調査の概要について』 http://ww w.npa.go.jp/bureau/criminal/souni/tokusyusagi/higaisyatyousa_siryou2018.pdf（二〇二〇年二月一七日検索）

警察庁（二〇一九）『平成三〇年における特殊詐欺認知・検挙状況等について（確定値版）』 https://www.npa.go.jp/

bureau/criminal/souni/tokusyusagi/furikomesagi_toukei2018.pdf（二〇二〇年二月一七日検索）
警察庁（二〇二〇）『特殊詐欺手口』https://www.npa.go.jp/safetylife/seianki31/1_hurikome.htm（二〇二〇年二月一七日検索）
島田貴仁（二〇一九）「特殊詐欺の阻止機会：被害過程から考える」『警察学論集』七二（一一）、九六－一〇七.

「他者指向」の社会のなかで

―人の心はモノなのか―

小松文晃

5 「他者指向」の社会のなかで―人の心はモノなのか―

小松文晃

一・「他者指向」の社会

社会学者デイヴィッド・リースマンが、主としてアメリカ社会を念頭におきながら一九五〇年に出版した『孤独な群衆(The Lonely Crowd)』という本の中で、「ひとがじぶんをどうみているか、をこんなにも気にした時代はかつてなかった」[1]、と書いてから、今年でちょうど七〇年です。この「かつてなかった」時代を、リースマンは、「他者指向」という概念で特徴づけています。「他者指向」とは、三つの「社会的性格」(ある社会集団に共通の性格)のうちの一つです。ごく大づかみな議論ではありますが、彼は、西洋中世の社会を「伝統指向」型の社会として把握します。社会の変化のスピードが相対的に低く、家族や血縁集団への依存度が高く、また価値体系も固定されているため、この型の社会に生きる個人は、過去何世紀にもわたってつづいてきた行動様式を理解して、それに従って生きるとされます。つまり伝統に服従する生き方です。

ところがルネッサンス・宗教改革の時代から、産業革命により生産が拡大し、人口が飛躍的に増大した時代になると、社会は大きく変動することになり、伝統に従っているだけでは生きていけなくなります。こうした時代に必要とされるのは、剛直で個性化された性格です。これをリースマンは「内部指向」型と名付けます。しっかりとした心理的羅針盤（「ジャイロスコープ」）をもって、自分の生きる目標と外的環境の衝撃とを、うまくバランスをとりながら生きる人が、「内部指向」型です。「ジャイロスコープ」とか「心理的羅針盤」という比喩で語られているのは、普遍的（だとその人が思う）価値などのことです。こうした時代に生きる人々は、幼少年期に、年長者によって「一般的・普遍的目標」を植え付けられ、それを頑なに保持し、人生の指針にします。たとえば、ピューリタンたちは「神」をおそれ自分の内部の良心に語りかけ、「善き」人間になることを目指しました。また、みずからの信じる富と権力という野望に向けて邁進するという生き方も、はるか彼方に輝く「星」にむかって自分の全生涯をかけて働きつづけるという生き方（「星に願いを」）も、「内部指向」型といえます。「星」とはつまり、医者になりたい者であれば、ウィリアム・オスラーという「星」のように、科学者になりたい者は、パスツールという「星」をめざして、というわけです(2)。

これに対して、現代の（とはいっても主として、五〇年代のアメリカが念頭に置かれていますが）社会に生きる人は、「他者指向」型であるとされます。これは、直接の知り合いであれ、メディアを通じて間接的に知っている人であれ、同時代人に方向づけられて生きる人間類型のことです。こうした人々は、何か「普遍的価値」にしたがって行為するのではなく、他者からの信号にたえず細心の注意を払います。ですから、人生の目標も、同時代人のみちびくがままに変わります。ここで必要とされるのは、他者から自分にあてた信号をうまく察知しそれに敏感に対応するための「レーダー」です。これは、自分が一人置き去りにされるのではないかという不安を逃れるための道具でもあります。こうした「他者指向」型の人間にとって重要なのは、他人が自分をどう思っているか、また自分が他人をどれだけ上手に操れるか、さらに、自分がどれだけ上手に他者に操られうるか、です。「他人から認められるということが、その内容とはいっさいかかわりなしに、ほとんど唯一絶対的な善」[3]となります。リースマンによると、これは、とくに現代の、つまり（『孤独な群衆』が書かれた）一九五〇年前後のアメリカにおいて登場しつつある類型で、とりわけ、大都市部の主として大企業などの組織で働く新中間層（企業のサラリーマンや官僚など）に典型的に見られる社会的性格だとされます。アメリカ大都市での生活では、確固たる信念や普遍的価値観を頑なに守り続ける「内部指向」型の人間は、変化する環境に適応できず、鬱憤がたまり、ときには反抗的態度をとらざるを得なくなるかもしれません。

リースマンの見立てでは、組織の中では、その組織の目標に同調し互いに「レーダー」をはって他者の行動を読み合うことが必要となります。大企業ミドルクラスの人々はそういう生活をせざるをえません。ですから、自分が、「他人の欲するとおりの者であること」が、自分自身にとっての幸福となるのです。

リースマンのこの議論は、さまざまな批判もありまた類型論もやや大掴みなところがありますが、「他者指向」は、五〇年代のアメリカ大都市部の新中間層という枠を、時間的にも地理的にも大きく越えて拡がっていると見ることができますし、現代の社会学でもこのリースマンの議論は継承・展開され続けています。ここでは、この「他者指向」という概念を手がかりにしながら、個人のレベルでの、また、(リースマンはこうした捉え方をしていませんが)組織のレベルでの「他者指向」が、現代においてさらに高次化したかたちで顕在化していることを一瞥し、そこに見出される問題点を考えてみたいと思います。まず次章では、個人レベルでの「他者指向」が高次化した結果現れる「感情管理」あるいは「感情労働」を取り上げ、本書の「私のモノがたり」という共通テーマにそって、人の心が、「脱工業化社会」の到来とともに、ますます「商品(モノ)」として「売られる」ようになるさまについて、見てみます。

二 人の心はモノなのか—感情労働—

(一) 感情の社会学

他者がどう感じるかを見極めながら、その場その場での自分の感情や行動を適切に管理する——あるアメリカの社会学者は、これを、「感情管理」と呼びました。こうした感情管理は、上記の「他者指向」の社会においては、いまや、私たちが日常生活の中での他者とのやりとりにおいて、たえず行っている、あるいは行わざるを得ないありふれた作法の一つといえるでしょう。さらに、その社会学者は、現代においては、このような感情管理を職業・労働の一環として行い、感情をまさに

「商品」として「売る」場面が多くなっているのだ、とも指摘します(4)。そうなると感情管理は、「感情労働(emotional labor)」とでも呼ぶべき一つの「労働」となります(ちなみに、この社会学者、つまりアーリー・ホックシールドは、仕事の(公的な)場での「感情労働」に対して、私的な日常的な場面での感情管理を「感情ワーク(emotional work)」と呼んで区別しています)。

介護や医療、販売、教育などに従事する多くの対人サービス職は、こうした感情労働と深く関係しています。感情(の管理)が、その仕事の重要な(場合によってはその核心的な)一部となる感情労働としては、たとえば、「楽しい食事の雰囲気」を作り出すレストランのウェイターや、施設利用者に対して熱心に気遣い、利用者が「自分はしっかりケアされている」と感じることができるように振舞う看護職員、「自分は歓迎されているのだ」と客が感じることができるように丁寧な「心のこもった」「おもてなし」を心掛けるホテルのフロント係やツアーガイドなどが挙げられます。

学級の雰囲気を和やかにして子どもたちに安心感を持たせようとする学校教師もまた、感情労働が求められる職業の一つといえるでしょう。とくに低学年の担任教師は、大げさに喜びや驚きをあらわし「元気」な笑顔を子どもに対して表出しなくてはならない場面が多く、また場合によっては、「先生はとても怒っている」という「芝居」も必要になってきます。子どもたちに、「あなたたちは、とても気遣われている・心配されている」ことを伝えたり、「楽しく」勉強できるようにしたり、ときには「反省」させたりするために、学校教師には、自分の感情を適切に管理することが求められます。もちろん、医療従事者もまた、感情労働に勤しまなくてはならならない典型的な職業です。

また販売スタッフもそうです。二〇二〇年二月、新型コロナウィルス（CIVID-19）の感染拡大が問題となり始めたとき、図1のように「店員がマスクを着用しています。ご了承ください」「マスク着用についてご理解賜りますようお願い申し上げます」「マスク着用でお客さまに対応させていただくことは誠に恐縮ではございますが、何とぞご理解とご協力を」などと書かれた張り紙を、ショッピングモールや郵便局、喫茶店等で目にするようになりました。「カスタマーハラスメント（カスハラ）」が話題となる今日、マスクをすることで違和感を覚えたり不快に感じる客がいるかもしれないとの懸念に配慮したものでしょう。しかしウィルス感染の危険性があるのであれば、マスクをすることは（感染症に対するその効果はともかくとして）、こうした張り紙などをする必要がないほど、当然の行為です。マスクをすることを「恐縮」する必要など、本来まったくありません。このような張り紙によって「お断り」をしなければ、店舗スタッフや客の健康を害さないための、ごく当然の行動すらできないわけです。それほどに、つまり、店員スタッフや客の健康被害のリスクと釣り合うほどに、マスクをすることによって店員の「笑顔」という「商品」を売ることができなくなるリスクが、懸念されているのだとも言えます。

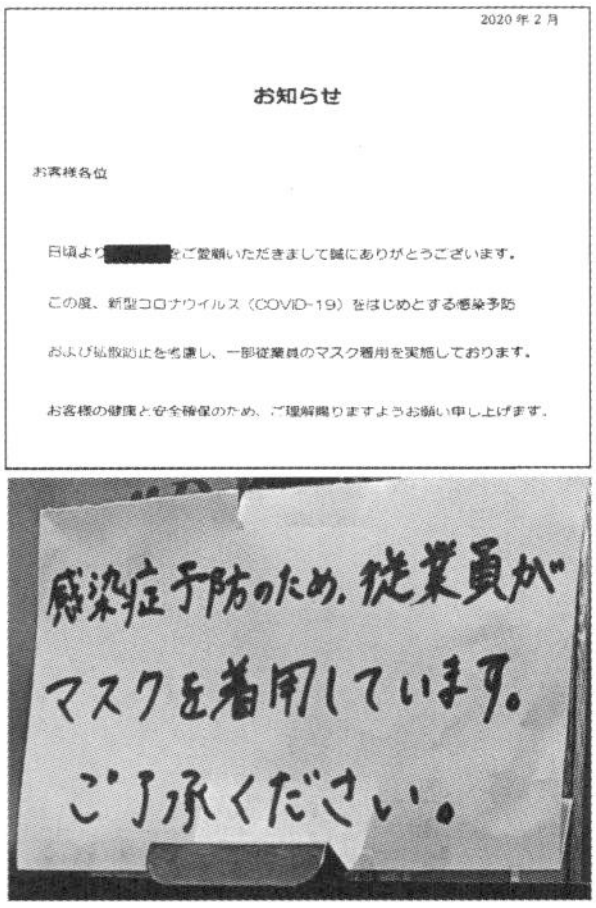

2020年2月

お知らせ

お客様各位

日頃より■■■をご愛顧いただきまして誠にありがとうございます。

この度、新型コロナウイルス（COVID-19）をはじめとする感染予防

および拡散防止を考慮し、一部従業員のマスク着用を実施しております。

お客様の健康と安全確保のため、ご理解賜りますようお願い申し上げます。

感染症予防のため、従業員が
マスクを着用しています。
ご了承ください。

図1　店員のマスク着用のお知らせ

またこれは厳密には感情労働とはいえませんが、

たとえば、リスクコミュニケーションという考え方があります。日本でも、とくに東日本大震災以後たびたび話題になり、すでにさまざまな分野で実践されている試みですが、これは、アメリカの全米学術会議(National Research Council)の定義によりますと、科学技術に伴うリスクや自然災害や食品の安全への懸念など、さまざまな「リスクについての、個人や集団や機関の間で、情報や意見を交換する相互作用の過程」[(5)]を意味します。そのリスクに関係する集団や機関や人々(そのリスクによって被害を受けるかもしれない人々や団体、そのリスクにどう対処すればよいか等についての専門知を有する専門家、行政機関など)の間でおこなわれるこのコミュニケーションでは、話題となっているリスクの特性や対策だけがやりとりされるだけでなく、たとえば、日常経験に根ざした個人的な意見や「こういう不安がある」などの感情、そのリスク(の管理)に関わる法律や手続きなどの制度に対する懸念なども交わされます。

それゆえに、人々の不安や懸念などの感情に対しても、それが「非合理的だから」などという理由で軽視したりせずに、真摯に向き合うことが必要だとされています。加えて、リスク情報を市民に向けてコミュニケートする専門家が、コミュニケーションの受け手となる市民の感情に寄り添っていることをどれだけ「呈示」できるのかが、そうした専門家が「信頼」されるための条件ともなっているのです。たとえば、O・レンというドイツの環境社会学者は、リスクコミュニケーションの送り手である専門家が市民に信頼されるためには、「しっかりとした専門知を備えている」と受け手に認知されなければならないとか、過去の発言と矛盾なく「一貫している」と認知される必要があるというごく当然の条件だけでは、不十分であるといいます。専門家に対する信頼は、さらに、すべての人の懸念や不安を公平に扱っていると認知されるかどうか、とか、話題となっている問題に対して信念や熱意をもってあたっていると認知されるかどうか、また、リスクによってひょっとすると被害を被るかもしれない人々にしっかり共感を示しているかどうか、などによっても大きく左右される、と述べています（ただしこれらの条件をすべて満たす必要はありませんが）(6)。

このように、リスクコミュニケーションにおいては、聞き手側の「不安」を解消するべく、話し手（専門家）の、聞き手に対する「気遣い」とか熱意、あるいは誠実さもうまく感じ取ってもらえるようにコミュニケーションを工夫しなくてはならないとされています。もちろん、そのことによりリスクコミュニケーションが、（「熱意」や「正直さ」を「自己呈示」するための）たんなる印象操作（impression management）に終始してしまい、肝心のリスクに関わる問題そのものの解決につながらない危険性にも、十分に注意しなくてはなりません。いずれにしても、リスクコミュニケーションに参加して、リスクの特性や対策などについて市民に話をするという役割を与えられた専門家は、聞き手からみて、自分が「熱意ある人に見えているだろうか」「誠実に問題に取り組んでいるように見えるだろうか」といったことに配慮しつつ、適切に感情を「管理」していくことが求められているといえるでしょう。（「感情」とは正反対の、きわめて「合理的」な仕組みによって動いている）科学技術がもたらすリスクについてコミュニケートするさいに、良いか悪いかは別にして、まさにその感情への配慮が、コミュニケーションの「成功」の鍵として、重要視されているわけです。

(二) 感情規則と感情管理

話がやや逸れましたが、ホックシールド自身が、『管理される心—感情が商品になるとき』で主として取り上げているのは、八〇年代アメリカの航空会社に勤務する客室乗務員です。現在、感情労働に関する研究は、このホックシールドの議論以降、大きく展開してきており、たとえば、感情労働者のストレス対策のためのさまざまな提案に関する研究、感情労働測定尺度やバーンアウト尺度の開発に関する研究、感情労働に伴うストレス軽減策に関する研究、また、感情労働を、自己肯定感の向上や仕事へのモチベーションの向上に役立つものとして捉える「感情労働肯定論」(ただし、これらの研究や感情管理のスキル向上を単純に奨励する議論は、個人が感情労働を強いられているという側面や感情労働を求める社会や組織の問題を無視しがちな一面的な議論になりがちであり、注意が必要ですが)や、さらに、感情は、労働市場を生き抜く個人にとって一種の「資本」であり、感情管理のスキルの有無が個人の社会的成功に深く関係していると捉える「感情資本」論など、多様です。また、以下でみるホックシールドの研究に対しても、客室乗務員は決して、感情労働をたんに強いられるだけでなく、むしろ工夫しながら自発的に感情労働に取り組んでいるのだ、などのような批判もあります。しかしまずは、すでにいくつもの紹介がありこれらの感情労働研究の「原点」ともいうべきホックシールドのこの研究の内容を、ここで簡単に振り返ってみましょう。

感情労働に就く人でなくても、私たちは日常生活での他者との関わりの中で、さまざまな感情管理をおこなっています。通常、感情は言うまでもなく「心の中」の出来事ですが、一九七〇年代頃から議論されるようになった感情社会学(sociology of emotion)は、むしろ、社会的に要請される「感情規則(feeling rule)」に着目します。また、そうした社会や他者や企業から要請される感情規則と、自分が「ほんとう」に感じている感情とのずれ、に着目します。

感情規則とは、簡単にいえば、この時・この場においてどんな感情を抱く(あるいは表現する)のがふさわしいのかという(たいていは暗黙の)規則です。この感情規則に則って感情管理を行っているのですが、ではこの感情規則を私たちはどのようにして認識するのでしょうか。一つには、自分の感じ方に対して、他者がどう理解し反応するかで判断するというやり方があります。たとえば、上司から仕事ぶりを褒められたのに、あまり浮かない表情をしていると、他者から「どうして落ち込んでるの」と「説明」が求められます。もし(暗黙の)感情規則に沿った表情や身振りであれば、他者はこうした「説明」を求めないでしょう。あるいは、直接他者から、こう感じたら、と促されることもありえます。たとえば、共通の友人が有名企業から内定をもらったという話題になったときに「こっちも嬉しくなっちゃうよね」と言われる、とか、知人の葬儀に参列したときに「泣いてもいいんだよ」と語りかけられる、などです。要するに、こちら側の「心」が(その場でそのとき)感じるべきものは何かを、他者が予期あるいは期待してこのような語りをするわけですが、当然、その感情規則は、自分が実際抱いている感情と合致するとはかぎりません。「あるべき」感情と「実際の」感情との「戦い」になることも、しばしばあります。

しかしこうした「感情的不協和」に対処するために、実際の感情のほうを露骨に表現するわけにはいきません。その場合には、感情規則に沿うような「演技」が必要になります。ホックシールドによれば、そうした演技には二種類あります。一つは、表層演技 (surface acting) で、これは、自己の感情はそのままにしておいて、感じているふりをすることです。自分がほんとうに感じていることを、他者に見えないようにごまかすというやり方です。このとき、表情や身振りは、「うわべだけのもの」で、「私の一部」にはなっていません。もう一つは、深層演技 (deep acting) で、これは、感情規則を強く重んじて、自己の感情がこのままではいけないと考え、実際に感情規則に沿った感じ方ができるように、自分の感情に強く働きかけ、実際に感じるようにするやり方です。自分の感情に、熱心に「語りかけ」ようとする試みだといえます。たとえば、恋心を「ふっきろうとする」とか、落ち込まない「ようにする」とか、好きに「なろうとする」といったようにです。あるいは、たとえば、自分の結婚式に臨んで、さほど気分が高揚しない「花嫁」が、他者から「人生の中で最高に幸せな日だしハッピーだよね」と言われて「そうだ、幸せな気分になろう」と自分を盛り立てる、といった場合がそうでしょう。

もっとも、表層演技であれ深層演技であれ、「適度」に「適切な場」で行うことが重要であり、過剰な演技は禁物です。親しいとまで言えない人の結婚式で大げさに嬉しがるといった行為は周囲の人々に違和感を抱かせます。またある特定の感情を表出するのに最適なタイミングや場所も考慮しなくてはなりません。

ちなみにホックシールドのこの表層演技／深層演技の概念は、ライオネル・トリリングの近代的自我の「誠実さ」（sincerity）と「ほんもの」（authenticity）に関する議論をも下敷きにしています。トリリングによれば[7]、十六世紀から英語として使われ始めるsincerity（誠実さ）は、身分制社会から近代への移行期を背景にして登場したものでした。身分制社会が崩れ、自分が生まれ落ちた階級や地位から、さらにその上の地位へ、階級へ、という社会的移動が可能となり、その意味で社会的流動性が高まりはじめた時代です。もちろん、立身出世はそう簡単ではありませんが、相手に取り入って地位向上をめざそうという野心を抱いた人々は、自分の感情や意図とは裏腹の意図や感情をでっち上げてそうした機会をうかがいます。そういう「演技」の技法を発達させ、「借りもの」で偽りの自我を演出することで、チャンスをつかもうとする行為が登場し、「偽り」ではない他者や自分の感情が見失われつつあったこの時代に、まさに、建前と実際の感情との一致、あるいは韜晦（とうかい）やみせかけがないということを指す「誠実さ」が、一つの道徳的要請として登場してきたというわけです。したがってこれは、自分が抱く感情とは裏腹に、他者を欺くこと（ホックシールドの概念でいえば、「表層演技」）を問題にした概念だといえます。

ところがトリリングによれば、人口の都市集中が進み、都市生活ではこうした演技があまりにもありふれたものになると、今度は逆に、誠実であるとはつまり、「世慣れていない」「少し愚かである」、演技する能力が欠如しているということを指すようになります。「誠実」であることで、軽蔑されかねないわけです。こうして誠実さの道徳的な価値が次第に下落することになります。代わって人々の関心の的になるのは、他者を欺くことというよりも、むしろ、自分の心を欺くこと（ホックシールドの概念でいえば、「深層演技」)、になります。たとえば他者から尊敬や名声を得るために他者に対して「誠実に」行為するとき、はたしてその人は自分の自我に対して、自分の心に対して、忠実に行為しているといえるのだろうか。他者に対して誠実な人間として振る舞うことは、自分をごまかしているのではないか。自分のその誠実さは、ほんもの(authentic)ではないのではないか、というわけです。自分の自発的な感情、ほんものの自我、「ほんとうの自分」に、いまや人々は心を引かれるようになっていきます。

(三) 感情労働

さて、こうした感情管理を労働として行い、それが「商品」として売られるようになると、つまり、深層演技や表層演技が仕事にとって不可欠の一部になり、賃金と引き換えに客や雇用主に「売る」ものの一部になると、どうなるでしょうか。このとき感情は、「お金を得るために利用される資源」になります。そうなると、感情管理は、私的で個人的な行為から、購入され販売される「公的」行為になり、また、感情規則は、公的に(企業や組織によって)定義されるものになっていきます。

こうした感情労働に就く人は、「自分の感情を誘発したり抑圧したりしながら、相手のなかに適切な精神状態…を作り出すために、自分の外見を維持しなければな」りません[8]。たとえば、航空会社に勤務する客室乗務員にとって「微笑む」ことは「仕事の一部」であり、笑顔や親切さは対人サービスの不可欠な一部です。それがないと、サービスを受ける客にとっては大きな不満になります。たとえ、疲れやいらだちを感じても、それをうまくごまかすことも仕事の一つであり、率直に、自分の感じている感情を表出してしまっては、「乗客の満足」という「生産物」は台無しになります。

ホックシールドによれば、八〇年代に、飛行機の客室乗務員に感情労働が求められるようになった背景にあるのは、当時の航空業界での競争の激化と市場の拡大でした。ライバル会社との競争に勝つために、他社よりも「楽しそうな」客室乗務員による丁寧なサービスを、各社が競って大々的に宣伝するようになったのです。たとえば、シンガポール国際航空の「広告キャンペーンは、客室担当女性を『シンガポール娘』と呼び魅惑的に表現している。…高揚した雰囲気の中での楽しい空の旅のイメージを演出するために、シンガポール国際空港のほとんどの宣伝広告は基本的に大判で、そこには輪郭をぼかしてスチュワーデスのカラー写真がたくさん掲載されている。テレビコマーシャルでは、流行歌手がこう歌っている。『シンガポール娘、君がとても素敵だから、僕はここでずっと君と一緒に過ごしたい』」(9)、といった具合にです。

その結果、企業側は、ライバル企業が自分たちよりもっと親切なサービスを行うかもしれないと恐れて、労働者である客室乗務員に「純粋」に心のこもったさらに「親切な」サービスを、強要しはじめます。しかも、そこでは普通の感じのよさでは不十分です。ホックシールドによるフィールドワークでは、乗客をまるで「自分の家のリビングルームにいる個人的なお客様」であるかのように考えるよう、乗務員に求める研修のようすが、紹介されています(10)。しかし、親しい友人との関係であれば、通常、こちら側が丁寧な歓待をすれば、別の機会にその相手から返礼がなされたり、感謝の念が伝えられたりといった「互酬性」が存在するはずです（日本語でいう「もてなし」も、もてなす側がいずれ「もてなされる」側になることを元々は含意した互酬的な行為です）。しかし、機内での「おもてなし」は、「顧客満足度」の向上のためのサービスの一つですから、当然、客からこうした互酬性などを期待してはいけませんし、乗客も、互酬性の義務を果たして、客室乗務員に「ありがとう」の言葉を返す必要などないと思っています。さらに、このような状況が高じると、客は、自分には「十分な歓待を受ける権利」があるのだ、と期待するようになります。乗客は、客室乗務員に笑顔を要求する権利があると思い込むわけです。さらにいえば乗客は、「お金をもらっている以上は、客室乗務員たちに、自分が感じたむき出しの怒りをぶつけるのは、当然の権利だ」などと思い込むようにもなります[11]。

こうした「商品」と化した自分の感情を適切に管理する（あるいは企業や乗客によって管理される）という環境下で、客室乗務員は、表層演技や深層演技を駆使せざるを得なくなります。『管理される心』には、中堅の客室乗務員による次のような印象的な語りが紹介されています。「ほんとうに元気なふりをすれば、実際にそういうふうになれることもあります。乗客は私が親切な人であるかのように私に応対し、そうすると私はもっと親切に応対し返します（表層演技）。…私は、もし彼（乗客）が飲み過ぎているとしたら、たぶん飛ぶのが怖いのだろうと思うように努めます。『この人は子どもみたいだ』と考えるのです。実際、それが彼の姿なのです。だからそのような目で見れば、彼が私に向かって怒鳴っても腹は立ちません。そのときの彼は、私に向かってわめいている子どものようなものなのです（深層演技）」[12]。

(四) 感情労働が必要となる職業の特徴

もちろん、このような感情労働が求められるのは、客室乗務員だけではありません。ホックシールドによれば、次のような特徴をもつ仕事においてとくに感情労働が必要となる、とされます[13]。まず、対面的な、あるいは声による顧客との接触が不可欠な職業です。また第二の特徴として、雇用主が、研修・管理体制を通じて、労働者の「感情」をある程度支配しなくてはならない、ということが挙げられます。そして第三に、職業に従事する中で、客などの他者の中に何らかの感情の変化（喜び、幸福感、悲しみ、恐怖心等の）を引き起こすのを不可欠とする職業です。たとえば、離婚を扱う弁護士は、怒りにさいなまれ自暴自棄に陥っている依頼人を「落ち着かせる」べく努力しますし、病院では、医師や看護師からの「優しさ」を十分に受けられないと、失望する患者が多かったりします。じっさい、グーグルマップや口コミサイトなどに掲載されている病院の「評判」を見ると、たとえば、星の数五つで高く評価されている病院は、たいていの場合、「看護師や医師がとても親切」とか「担当医師や看護師が優しく声をかけてくださった」とか「優しいお医者さんが多い」といったコメントが付されてあり、逆に、「看護師の対応に気分を害した」り「命令口調で上から目線」「声のトーンが低く印象が最低」の医師のいる病院、「そっけなくキツい感じ」の看護師が勤務する病院には、最低の評価が書き込まれます。病をしっかり治療してくれることや設備の充実ぶりなどがこうした「評判」の基準になることは、むしろ稀です。日本医療機能評価機構による病院機能評価などよりも、こうした単純な口コミによる「評判」に基づいて病院を選ぶ人のほうがおそらく多いでしょう。

(五) 感情労働の問題

もっとも、感情労働そのものがつねに苦痛というわけではなく、顧客とのよりよい関係を築くきっかけになったり、介護サービス等で相手から感謝や笑顔が返ってくれば、自己肯定感を高めることにもつながりえます。しかし、こうした「演技」が日々の労働で続けば、数々の困難が、感情労働を行う従業員に降りかかってくることにもなります[14]。

まず、(一) 職業上の役割と自己とを過剰に同一化してしまうと、客からひどい扱いを受けたりサービスへの不満が言われたりしたとき、それを「自分個人」への攻撃だと受け止め、「自分自身が個人的に至らなかった」と解釈してしまったりすることになります。つまり、過剰に自分を責めてしまいます。しかもホックシールドによると、企業は、個人的な感情と仕事として表出する感情とをますます「一体化」せよ、という要請を従業員に求める傾向があるので、こうした「過剰同調」に拍車がかかってしまいます。仕事で表出した感情が、どれだけ「ほんとうの」自分の感情となりえているかを、たえず自己点検しなければならず、仕事としての (公的な) 自己から、私的な自己を分離することが困難になります。こうなると、精神的な疲弊、いわゆる「バーンアウト (燃え尽き)」が起こる可能性が高くなってしまいます[15]。

このように「燃え尽き」になりやすいのは、たとえば、自己の裁量があまりきかない職場、職務上の自律性が低く、顧客と長期的・継続的な関係を伴い、また、仕事と自分を一体化する度合いが高い職業に多いとされ、たとえば病院での看護職や施設介護職員等がこれにあたります。ちなみに、メンタル不調者のいる割合がもっとも高い産業は医療・福祉の分野であり、それは精神障害を理由とした労災補償の請求件数からも分かります（図2）。また、（もちろんすべてが感情労働によるものではありませんが）こうした精神障害による労災補償の請求件数は、図3のように増加の一途です。

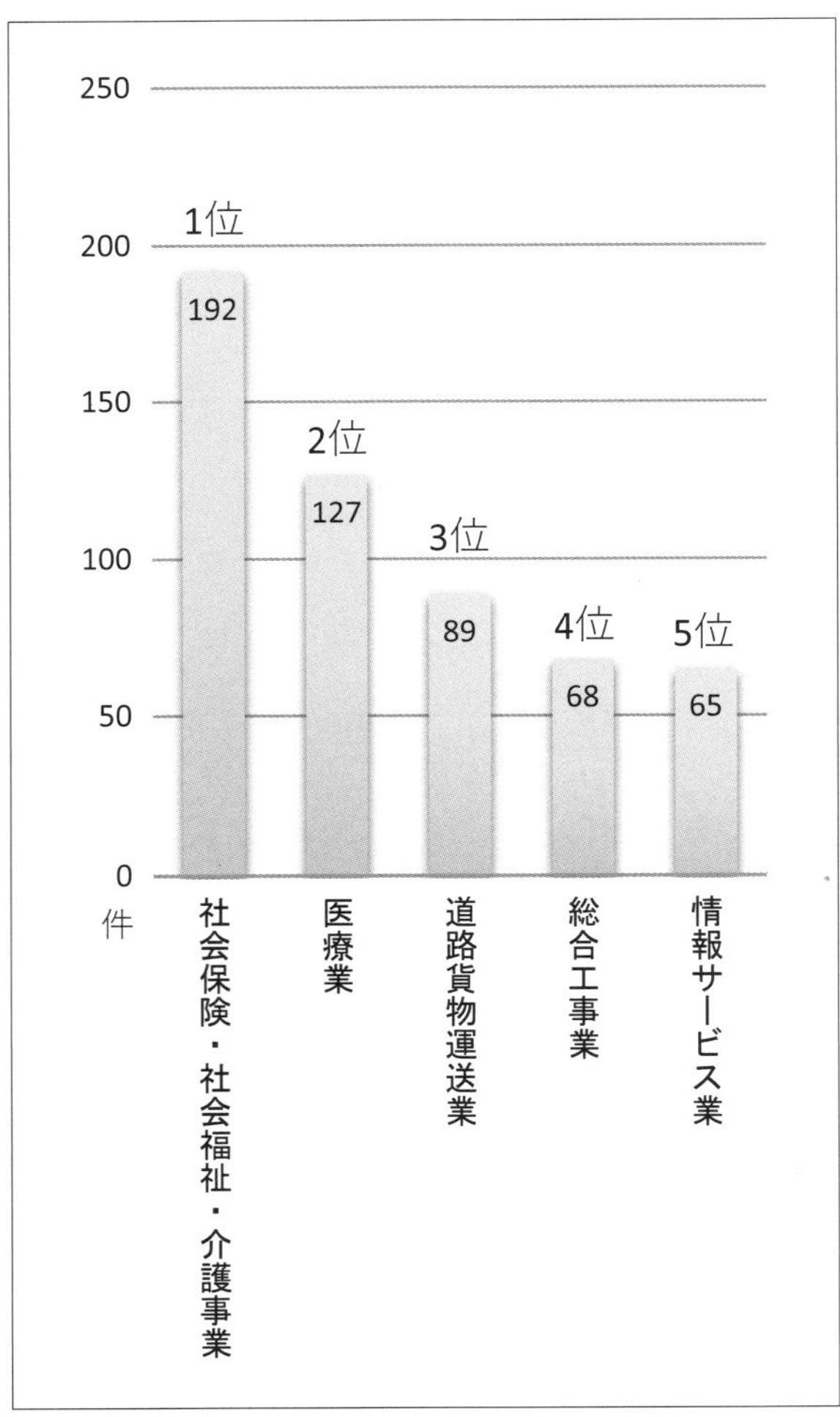

図2　H30年度精神障害の請求件数の多い業種（中分類）
（厚生労働省によるH30年度「過労死等の労災補償状況」をもとに作成）

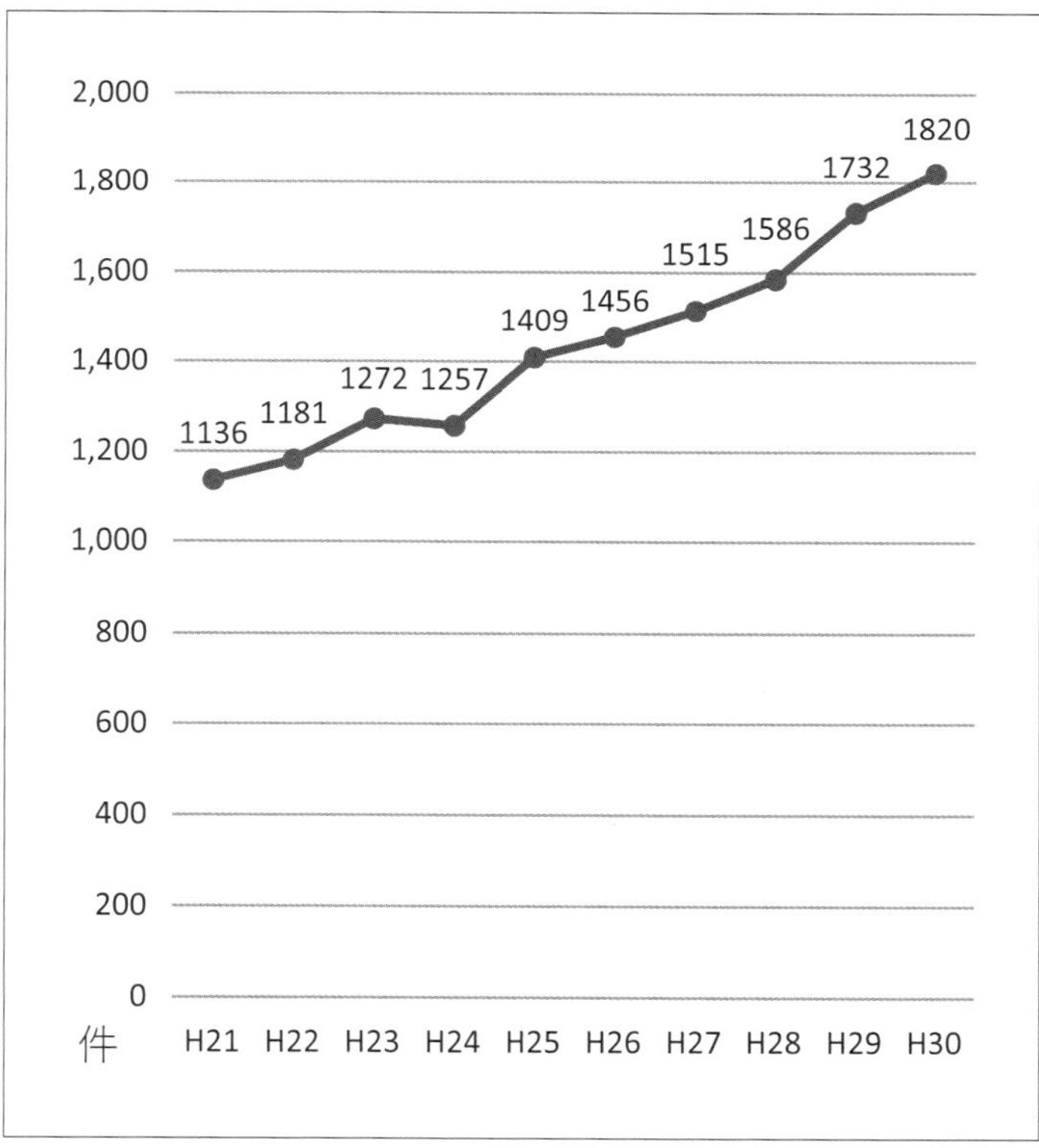

図3　精神障害の労災補償請求権数のH.21 ～ H.30の推移
（各年の厚生労働省「過労死等の労災補償状況」をもとに作成）

また（一）とは逆に、（二）その役割と自己との間をしっかりと切り離す、というやり方をする人もいます。これは、「演技」をしている自分と、そうでない自分とを、自分のなかで明確に切り分けているケースです。たとえば、迷惑な客に対して笑顔を作って愛想良く対応しつつも、それはあくまで演技である、と自覚しているような場合です。このやり方であれば、「燃え尽き」はある程度防げますが、今度は、（企業からは「心からのおもてなし」をするよう求められているのに）演技をしている自分は仕事に忠実ではなく不誠実な人間なのではないか、という罪の意識に苛まれる可能性が出てきます。

さらには、（三）演技することから完全に離脱してしまう、というケースもあるでしょう。演じる能力を必要としていることは理解しているものの、演技をやめ、感情労働をすっかりやめてしまいます。それは、仕事上の自分の「役割」を演じなくなることでもあるので、職務をきちんと果たしていないことになります。当然、「冷たい人だ」というイメージもその人につきまとうことになります。（一）のケースは、仕事上の自分の役割に没頭しすぎる事例ですが、（三）はその逆で、役割から離脱してしまうケースといえます。

また、感情管理が、ジェンダーと強い結びつきを有していることにも留意する必要があります。感情労働とかかわる仕事は、ホックシールドが述べているように、その多くは女性が主たる担い手となっています。もともと、「感情」については女性に対する偏ったイメージが存在しており、たとえば女性は、親切、気遣い、優しさといった特徴と結びつけて理解されやすいという指摘は数多いですが、そうなると、対人サービス職に従事する女性は、介護や医療といったその職業に付随する「心配りして当然である」という期待感に加えて、ジェンダーに由来する「女性であるからには優しい配慮を」という期待感という二重の期待感が、負担としてのしかかってくることになります。

以上のように、感情労働がきわめて重んじられるようになった社会的な背景としては、(航空業界内部では上記のとおり競争の激化などを指摘できますが) 感情労働の拡がりに鑑みつつもう少し大きな社会変動の中でみるならば、よく知られているダニエル・ベルのいう「脱工業社会 (post-industrial society) の到来」があります[16] (このベルの議論は、七〇年代の議論ですので、今日の社会にはそのまま当てはまらない部分ももちろんありますが)。ベルによれば、十九世紀の産業革命は、第一次産業から第二次産業へとその比重の移動を促しましたが、一九七〇年代以降の産業構造の変化は、第二次産業から第三次産業 (サービス業) へとシフトしていきました。いわゆる産業構造の高度化です。それによって、情報化・サービス化が進み、技術的知識人が台頭し、知識中心の脱工業化の時代が到来するというわけです。このベルのいう「脱工業社会」では、工業社会の時代に主流であった、人間と機械との相互作用による生産ではなく、むしろ、人間と人間との交流・コミュニケーションによる生産が中心となります。たとえば、商業、教育、保健/医療、金融、観光等々の「サービス職」がそれです。脱工業社会になると、このように「コミュニケーション」が労働においてますます必要となり、したがって、「感情」もまた仕事の上で重要視されるようになります。

現在の資本主義は、人の「心」の奥底にまで深く介入し、感情を支配し、その適切な管理までをも要求するにいたっているわけです。こんにちの日本において、新卒採用時に企業が採用にあたって重視する項目としてつねに(「チャレンジ精神」や「主体性」よりも)圧倒的に「コミュニケーション能力」が一位の座を占め続けているのは、それゆえでしょう[17]。こうした「コミュニケーション能力」、あるいは「ポジティブ思考」とか「人間力」等のあいまいな(測定のしようもない)「ポスト近代型能力」[18]が重んじられる「ハイパー・メリトクラシー社会」は、他方では、生きづらさを感じる人々を生み出し続ける社会でもあります。

では、第一次産業や第二次産業に主として従事する人は、感情労働とは無関係かというと、必ずしもそうではありません。たとえば日本で一九九二年に農林水産業が新政策として導入した「グリーンツーリズム」(「和製英語」ですが)は、いまや、中山間地域等の活性化策として広く実践されています。これが政策として導入されてから十年ほどたった頃の話ではありますが、筆者がこれを実践する農家の方に話しを伺ったさい、「それでなくても大変な農作業をしながら客への丁寧なおもてなしをするのは本当に疲れますよ」という感想を吐露する方は少なくありませんでした。農山漁村の所得向上や地域活性化、雇用確保を目指すいわゆる農林漁業の「六次産業化」が進むなかでは、感情労働は、農山漁村においても不可欠の営みとなっています。

ここまで見てきたように、人の心を「商品」(モノ)として取引する感情労働は、まさに、他人が(たとえば顧客が)自分をどう思うのか、自分がどれだけ他者の感情に寄り添えているのか、また、自分がどれだけ他者から認められるのかが、「ほとんど唯一絶対的な善」となる「他者指向」型の社会における、典型的な産物です。現代社会において、五〇年代にリースマンが述べた他者指向は、後退するどころか、感情労働や(日常生活での)感情ワークというかたちをとって、ますます高次化しているとすら言えるでしょう。私たちが生きるこの「他者指向」型の社会が、人の心(感情)を重視する社会であるがゆえに、人々は、逆説的にも、自分の心をモノ(商品)として取引の材料とする感情労働や感情管理へと、駆り立てられています。人の心はモノなのか——こう問い返しながら、感情労働や感情管理があまりにも当たり前になってしまった「ハイパー他者指向」の社会の有り様を吟味してみる必要があるのではないでしょうか。

(六) ポスト感情社会

こうした私的生活・公的生活における感情管理は、「ほんとう」の自分の感情と「フェイク」な感情との境界線をぼやけさせることにもつながります。他者に対して「誠意」をある程度示すことは示すけれども、しかしそれはいわば「演技」されたものであり、他者から「距離」をとる態度でもあります。このように、他者に誠意を示しつつも距離をとる「ナイスな」感情表出の仕方が重んじられる社会を、「ポスト感情社会 (postemotional society)」と呼ぶ社会学者もいます[19]。ステファン・メシュトロヴィッチ——この人は、現在のクロアチアで生まれ第二次世界大戦時にアメリカに逃れた著名な彫刻家イヴァン・メシュトロヴィッチの孫ですが——によれば、たとえばマクドナルドの店舗にいけば、客(他者)に対して、「心のこもったサービス」が提供されるけれども、その感情表出の仕方は、ここまで見てきたように、まえもって「パッケージ化」され、研修等による入念な訓練を経たものです。完全にフェイクというわけではないけれども真に誠意あるものともいえない、いわば「ハイブリッド」なものです。事情は、私たち自身の私的な日常生活においても同様で、このポスト感情社会では、人々が、無秩序に感情を表出することは許されません。ここでは、ニュアンスに富んだ自分自身の感情を見つけ出す力が、次第次第に蝕まれていくことにもなります。自分がほんとうに感じていることは何なのか、と。それゆえ、メシュトロヴィッチの「ポスト感情社会」というときの「ポスト」とは、(通常は「何々のあとの」という意味で使うことが多いですが)もはや感情を重要視しなくなった社会、という意味ではなく、他者から非難されないようにとか、他者を傷つけないようにとか、あるいは逆に他者から自分が傷つけられないように、という「他者指向」があまりにも「高次化」してしまったことで、逆に、我々自身の、あるいは他者の感情に「麻痺」し無感覚になってしまった社会ということです。「行動」に結びつかない紋切り型の「感情」が、ただ消費されるだけの社会、ともいえます。メシュトロヴィッチ自身は、(デュルケムの学説研究等に従事する)社会学者であると同時に戦争犯罪にも詳しいのですが、こうした「感情」に麻痺したポスト感情社会というアイデアは、新聞やニュースを見聞きしていたはずの人々が、九〇年代の――彼の祖父の故郷である――バルカン半島という地球の一部で実際起こっている紛争やそれに伴う大量虐殺に対して、怒りも悲しみもなく、行動も起こさず、ただ冷淡な反応しか示さない、という不可解さから得た着想でした。

三 「評判」にさらされる組織―「ハイパー他者指向」化する社会のなかで―

しかしこのような「他者指向」は、少し観点を変えてみると、個人の問題であるだけでなく、近年の各種の組織においても見いだされる傾向であるといえます。たとえば、近年、企業の「評判リスク」(reputational risk) に大きな注目が集まっています。評判リスクとは、無形資産 (intangible assets) としてのブランドや評判が毀損されてしまう可能性を意味しています。元々は、デリバティブ取引にかかる不正行為などをきっかけとして拡がった概念ですが、たとえ「正しい」と思われるやり方をしていたとしても、当該企業の行動や製品に関するメディアや消費者の「評判」次第で、株価や売上げに多大な影響が及ぶというところから、これを広く企業の「リスク管理」の対象の一つとして、積極的に管理していこうという動きの中で重視されている概念です。ですから評判リスクは、すべての組織にとって、財務リスクなどと同じくらい重大なリスクの一つだとされることもあります。しかもこうした評判の管理は、民間企業だけの問題ではなく、たとえば大学も例外ではありません。良いか悪いかは別にして、多様な世界大学ランキングにおいて評判 (reputation) は高い重み付けがなされており、このランクを上げるために、「レピュテーションマネジメント」への取組みが求められています。

このように「評判」に敏感になる、ということは、(もし評判が問題にならなければ「想定外」となっていたかもしれない) 消費者や顧客、さまざまなステークホルダーの「声」に俊敏に対応できるようになる、ということでもあり、これらの「声」を組織の中に取り込んでそれを念頭におきながら活動できるようになる、という利点もあります（これは、評判の「統制的機能」と呼ばれます[20]）。このように、評判を守り、「良い」イメージを維持し、他者（たとえば消費者）から非難されないようにするための取組みは重要ですが、しかし他方で、もしそういう評判管理が、本来の業務よりも優先的に行われるようになったり、「何をする企業か分からないけれども何となく良い印象がある会社」といったように、実質的な業務よりも「評判の管理のほうがよく知られている」[21]などという事態になれば、これは本末転倒だと言わなくてはならないでしょう。さらにいえば、「悪いイメージ」が作られるのを回避するための行いが、逆に、本来のミッションを歪めてしまうこともありえます。たとえば（厳密には評判リスク管理とは言えないかもしれませんが）、東日本大震災に伴う福島第一原子力発電所事故をきっかけにして明らかになったように、東京電力は、かねてから、原子力発電所の過酷事故のリスクを、原子力発電に対して負のイメージが作られるかもしれないというリスクへと「読み替え」ていました。つまり、津波想定水位が従来より上回る可能性があるとの科学的な新しい知見が得られた場合や、原子力に関連した科学的知見が進展した場合、それに対応して迅速な措置をとったり随時早急に原子力の技術基準を変更したりするのが当然だと思われますが、しかし、そうした迅速な変更を行うと、「朝令暮改」の印象を生み出したり「これまでの技術基準はデタラメだったのか」という「負のイメージ」が形成されてしまうのではないか、とおそれ、それを避けるために、時間をかけて、ゆっくりとしか技術基準を変更しない、などという傾向がありました[22]。

（ちょうど、顧客への感情労働という「他者指向」的な労働の結果、身体や健康を害し本来のサービスができなくなってしまう感情労働従事者と同じように）安全に操業する、という本来のミッションよりも、人々が持っている自己への「良いイメージ」を維持する、とか、評判がこれ以上毀損されないように、という過剰で一面的な「他者指向」的な思惑のほうが上回ることになると、地域住民や国民（という他者）の生活や健康を害することにもつながります。その意味では、逆説的なことに、高次化しすぎた「他者指向」は、（別の意味での）他者指向を歪めてしまいうる、ともいえるでしょう。こうした傾向は、評判を獲得するために、数値評価によって「成功」を見せつける（その結果、かえって有害な結果をまねく）という意味での「アカウンタビリティの文化」に共通したものなのかもしれません(23)。

社会学では、社会の各機能領域、たとえば政治や法、教育、医療、宗教などにおいて、いわば「中心」的に活動する人が担う役割を「遂行的役割」、その遂行的役割に就く人のサービスなどの「受け手」となる人々がつく役割を「受け手役割」と言うことがありますが(24)、前者は、たとえば政治であれば政治家、教育であれば教師、医療であれば医師、法であれば弁護士や裁判官、宗教であれば僧や聖職者などが、そうした役割にあたります。これに対して、後者はたとえば、政治であれば有権者、教育であれば生徒や学生、医療であれば患者、宗教であれば平信徒などがそれに相当します。この二つの役割はいうまでもなく互いに依存しあう（「相補的」な）関係にあり、遂行的役割も、受け手役割の人々がいることではじめてその地位を維持できるわけですが、従来は、権力上優位であるのは、後者よりも前者であると想定されていたところがあります。しかし、遂行的役割を行う活動が、受け手役割の人々によってあるいは第三者によって、（しばしば何らかの指標に基づいて数値化されて）多様に「評価」され、そうした評価が遂行的役割に就く人々や組織の「評判」につながり、たとえば企業も「顧客満足度」を気にするようになっている現在、こうした力関係は逆転した、とまでは言えないまでも、従来のこうした上下関係（遂行的役割＞受け手役割）を素朴に想定することはできなくなっているといえるでしょう。

もちろん、それは（上記のとおり）消費者や顧客の声に敏感になり、外部の声を組織が「内部化」することで、事業改善や仕事の喜びにつながる側面も有していますが、人々の懸念や意向に過剰に応答的になる可能性もそこにはつきまといます。「受け手役割」の評判や意向を重んじてしまうあまり、本来のミッションが毀損されたり、サービス提供者の身体的・精神的な負担が増大し、業務に支障が生じてしまうようでは、本末転倒であるといわなくてはならないでしょう。新自由主義の潮流にともなう成果主義や事後的評価の傾向が、これに拍車をかけています。もちろん、Twitter等のSNS（ソーシャル・ネットワーキング・サービス）の著しい発展と普及も、ハイパー他者指向と無縁ではありません。

感情労働にかかわって苦痛から逃れられない個人にとっても、また「評判」の管理による本来の業務に支障を来してしまう組織にとっても、「ハイパー他者指向」的な社会は、「生きづらさ」を助長していたり逆説的な事態を生み出してしまっているのではないでしょうか。ハイパー他者指向社会の中で生きる術を、今一度、問い直す必要がありそうです。

【注】

(1) リースマン、二〇一三〔原書一九五〇〕年(上巻)、一一三頁。
(2) リースマン、二〇一三〔原書一九五〇〕年(上巻)、二七四頁。
(3) リースマン、二〇一三〔原書一九五〇〕年(上巻)、一五五頁。
(4) ホックシールド、二〇〇〇〔原書一九八三〕年。
(5) National Research Council、一九九七〔原書一九八九〕年、一五頁。
(6) Renn, 2008, pp.207-208.
(7) トリリング、一九八九〔原書一九七二〕年。
(8) ホックシールド、二〇〇〇〔原書一九八三〕年、七頁。
(9) ホックシールド、二〇〇〇〔原書一九八三〕年、一〇九—一一〇頁。
(10) ホックシールド、二〇〇〇〔原書一九八三〕年、一二一頁。
(11) ホックシールド、二〇〇〇〔原書一九八三〕年、一二三頁。
(12) ホックシールド、二〇〇〇〔原書一九八三〕年、六二—六三頁。
(13) ホックシールド、二〇〇〇〔原書一九八三〕年、一七〇頁。
(14) ホックシールド、二〇〇〇〔原書一九八三〕年、二一四—二一七頁。
(15) もっとも、感情労働とバーンアウトとの関係は単純ではありません。たとえば、三橋によれば、感情労働をしたから「燃え尽き」たというより、自分としては感情労働に誇りを持ち、感情労働することに伴う相手からの感謝等にむしろ喜びを感じる(感じたい)が、さまざまな(主として)組織的な要因(仕事量の増加、ミスに対する同僚からの執拗な問い詰めなど)でそれができず、それでも頑張りつづけた結果「燃え尽き」というケースも多々ありえます。三橋弘次、二〇〇七年、を参照。

(16) ベル、一九七五〔原書一九七三〕年。

(17) たとえば日本経済団体連合会による「二〇一八年度新卒採用に関するアンケート調査結果」(https://www.keidanren.or.jp/policy/2018/110.pdf〔二〇二〇年二月二八日取得〕)を参照。

(18) 本田、二〇〇五年。

(19) Mestrovic, 1997.

(20) 山岸、一九九八年、九八―一〇三頁。

(21) Power, 2004, p.35.

(22) 東京電力福島原子力発電所事故調査委員会、二〇一二年、四八二―四九〇頁。

(23) ミュラー、二〇一九〔原書二〇一八〕年。

(24) Luhmann & Schorr, 1979.

【文献一覧】

(＊本文や注で挙げた文献に加えて、感情労働についてさらに深く考えるのに役立つ文献もいくつか、あわせて挙げておきます)

Bell, D., 1973, *The Coming of Post-industrial Society*, Basic Books.(ダニエル・ベル〔内田忠夫ほか訳〕、一九七五年、『脱工業社会の到来(上・下)』ダイヤモンド社。)

Hochschild, A.R., 1983, *The Managed Heart : Commercialization of Human Feeling*, University of California Press.(アーリー・

ホックシールド〈石川准・室伏亜希訳〉、二〇〇〇年、『管理される心―感情が商品になるとき』世界思想社。）

本田由紀、二〇〇五年、『多元化する「能力」と日本社会―ハイパー・メリトクラシー化のなかで―』NTT出版。

Luhmann, N. & Karl Eberhard Schorr, 1979, *Reflexionsprobleme im Erziehungssystem*, Klett-Cotta.

Mestrovic, S., 1997, *Postemotional Society*, Sage.

三橋弘次、二〇〇七、「感情労働で燃え尽きたのか？―感情労働とバーンアウトの連関を経験的に検証する」『社会学評論』五八（四）、五七六―五九二頁。

水谷英夫、二〇一三年、『感情労働とは何か』信山社。

Muller, J.Z., 2018, *The Tyranny of Metrics*, Princeton University Press.（ジェリー・Z・ミュラー〈松本裕訳〉、二〇一九年、『測りすぎ――なぜパフォーマンス評価は失敗するのか』みすず書房。）

National Research Council, 1989, *Improving Risk Communication*, National Academy Press.（ナショナル・リサーチ・カウンシル〈林裕造・関沢純訳〉、一九九七年、『リスクコミュニケーション―前進への提言』化学工業日報社。）

岡原正幸・山田昌弘・安川一・石川准、一九九七年、『感情の社会学―エモーションコンシャスな時代』世界思想社。

岡原正幸、二〇一三年、『感情資本主義に生まれて』慶應義塾大学出版会。

Power, M., 2004, *The Risk Management of Everything*, Demos., p.35.

Renn, O., 2008, *Risk Governance : Coping with Uncertainty in a Complex World*, Earthscan

Riesman, D., 1950, *The Lonely Crowd : A Study of the changing American character*, Yale University Press.（デイヴィッド・リースマン〈加藤秀俊訳〉『孤独な群衆』上巻・下巻、二〇一三年、みすず書房。）

武井麻子、二〇〇一年、『感情と看護―人とのかかわりを職業とすることの意味』医学書院。

東京電力福島原子力発電所事故調査委員会、二〇一二年、『国会事故調報告書』徳間書店。

Trilling, L., 1972, *Sincerity and Authenticity*, Harvard University Press.（ライオネル・トリリング〈野島秀勝訳〉、一九八

九年、『〈誠実〉と〈ほんもの〉—近代的自我の確立と崩壊』法政大学出版局。)
山岸俊男、一九九八年、『信頼の構造—こころと社会の進化ゲーム』東京大学出版会。

執筆者紹介

片　岡　　龍（かたおか・りゅう）
東北大学大学院文学研究科／日本思想史
阿　部　　宏（あべ・ひろし）
東北大学大学院文学研究科／フランス語学・言語学
杉　本　欣　久（すぎもと・よしひさ）
東北大学大学院文学研究科／東洋・日本美術史
荒　井　崇　史（あらい・たかし）
東北大学大学院文学研究科／心理学
小　松　丈　晃（こまつ・たけあき）
東北大学大学院文学研究科／社会学

人文社会科学講演シリーズXII
私のモノがたり
My Thing :
Personal Stories about Research
Lecture Series in Humanities and Social Sciences XII

2021年3月5日　初版第1刷発行

編　者　東北大学大学院文学研究科
　　　　講演・出版企画委員会
発行者　関内 隆
発行所　東北大学出版会
　　　　〒980-8577　仙台市青葉区片平2-1-1
　　　　TEL：022-214-2777　FAX：022-214-2778
　　　　https://www.tups.jp　E-mail：info@tups.jp
印　刷　社会福祉法人　共生福祉会
　　　　萩の郷福祉工場
　　　　〒982-0804　仙台市太白区鈎取御堂平38
　　　　TEL：022-244-0117　FAX：022-244-7104

ISBN978-4-86163-351-5　C1020
定価はカバーに表示してあります。
乱丁、落丁はおとりかえします。

読者の皆様へ

大学の最も重要な責務が教育と研究にあることは言うまでもありません。しかし、その研究から得られた成果を広く一般に公開し、共有の知的財産とすることも、それに劣らず重要なことのように思われます。このような観点から、東北大学大学院文学研究科では、従来よりさまざまな講演会を開催し、教員の日々の研究の中から得られた新たな知見を中心として、一般の方々に興味を抱いていただけるような種々の研究成果を広く公開して参りました。幸いなことに、私どものこのような姿勢は、多くの方々に支持を得てきたところです。この度創刊する人文社会科学講演シリーズは、本研究科による研究成果の社会的還元事業の一環として企画されたものです。本シリーズを通して、講演を聴講された方々はあの時あの場の感動を追体験していただけるでしょうし、聴講の機会を得られなかった方々には、新たな知見や興味ある研究成果に触れていただけるものと思います。本シリーズが、そのような役割を果たすことができたならば、私どもの喜びこれに過ぐるものはありません。読者の皆様のご支援を心よりお願い申し上げます。

2006年3月　東北大学大学院文学研究科出版企画委員会

人文社会科学講演シリーズIX

わたしの日本(ニッポン)学び

東北大学大学院文学研究科　講演・出版企画委員会編

四六判　定価（本体2,200円＋税）

人文社会科学講演シリーズX

ハイブリッドな文化

東北大学大学院文学研究科　講演・出版企画委員会編

四六判　定価（本体2,200円＋税）

人文社会科学講演シリーズXI

未来への遺産

東北大学大学院文学研究科　講演・出版企画委員会編

四六判　定価（本体2,200円＋税）

人文社会科学講演シリーズXII

私のモノがたり

東北大学大学院文学研究科　講演・出版企画委員会編

四六判　定価（本体2,200円＋税）

人文社会科学ライブラリー第1巻

謝罪の研究 ―釈明の心理とはたらき

大渕憲一著　四六判　定価（本体1,700円＋税）

人文社会科学ライブラリー第2巻

竹を吹く人々 ―描かれた尺八奏者の歴史と系譜―

泉武夫著　四六判　定価（本体2,000円＋税）

人文社会科学ライブラリー第3巻

台湾社会の形成と変容 ～二元・二層構造から多元・多層構造へ～

沼崎一郎著　四六判　定価（本体2,000円＋税）

人文社会科学ライブラリー第4巻

言葉に心の声を聞く ―印欧語・ソシュール・主観性―

阿部宏著　四六判　定価（本体2,000円＋税）